A Reinvenção da ONU
Uma Proposta

MIGUEL D'ESCOTO BROCKMANN, M.M.

A Reinvenção da ONU
Uma Proposta

Prólogo De Ramsey Clark

Como transformar a ONU em uma organização funcional capaz de cuidar com eficiência dos grandes desafios do século XXI para a Mãe Terra e para a Humanidade?

Diretor Editorial:
Marcelo C. Araújo

Diagramação:
Érico Leon Amorina

Tradução:
Antônio Bicarato

Capa:
Érico Leon Amorina

Copidesque:
Camila Pereira Ferrete

Comissão Editorial:
Avelino Grassi
Edvaldo Araújo
Márcio Fabri

Revisão:
Ana Aline Guedes da Fonseca de Brito Batista

Título original: *La reinvencón de La ONU*
ISBN: 978-99924-20-40-9

Todos os direitos em língua portuguesa, para o Brasil reservados à Editora Ideias & Letras, 2013.

EDITORA
IDEIAS & LETRAS

Rua Diana, 592
Cj. 121 - Perdizes
05019-000 - São Paulo - SP
(11) 3675-1319 (11) 3862-4831
Televendas: 0800 777 6004
www.ideiaseletras.com.br

Dados Internacionais de Catalogação na Publicação (CIP)
(Câmara Brasileira do Livro, SP, Brasil)

Brockmann, Miguel d`Escoto
A reinvenção da ONU : uma proposta / Miguel d`Escoto Brockmann ; prólogo de Ramsey Clark ; [tradução Antônio Bicarato]. - São Paulo, SP : Idéias & Letras, 2013.

Título original: La reinvención de la ONU.
ISBN 978-85-65893-09-1

1. Nações Unidas 2. Nações Unidas - História 3. Organização das Nações Unidas (ONU) 4. Política mundial 5. Relações internacionais I. Clark, Ramsey. II. Título.

12-13299   CDD-327

Índices para catálogo sistemático:

1. Nações Unidas : Relações internacionais : Ciência política 327
2. ONU : Relações internacionais : Ciência política 327

Conteúdo

Apresentação 9
Prólogo 20

**CARTA DA ORGANIZAÇÃO
DAS NAÇÕES UNIDAS**...29
Declaração solene 31

**ESTATUTO DA CORTE INTERNACIONAL
DE JUSTIÇA**... 127

**ESTATUTO DO TRIBUNAL INTERNACIONAL
DE JUSTIÇA CLIMÁTICA E PROTEÇÃO
AMBIENTAL (TIJCPA)**...161

**DECLARAÇÃO UNIVERSAL DO BEM COMUM
DA MÃE TERRA E DA HUMANIDADE** 181

À
Mãe Terra
e a todos
os povos do mundo,
que têm fome e sede de justiça,
de paz,
de alimentação saudável,
de água e ar não contaminados,
de amor e solidariedade universal.

Apresentação

A Organização das Nações Unidas foi criada em 26 de junho de 1945 como a melhor maneira encontrada para impedir que conflitos bélicos, como as duas guerras mundiais da primeira metade do século passado, continuassem ferindo nosso mundo caso não se tomassem as medidas necessárias para barrá--los. Como todos sabemos, essa foi uma boa ideia que não funcionou, simplesmente porque, já desde o início da ONU, sempre houve quem acreditasse nas guerras de agressão, semelhantes às atuais contra o Iraque, o Afeganistão e a Líbia, como o meio de impor um domínio total e absoluto sobre o mundo, *full spectrum dominance*, para usar a frase cunhada pelo próprio Pentágono.

Hoje, a situação é muito diferente e muito mais grave que em 1945. Em vez do medo, o que o mundo tem em nossos dias é a certeza de que a espécie humana desaparecerá se não se implantarem medidas extremas e corajosas para acabar com a agressão do homem contra a Mãe Terra e os pobres. A agressão a qual se assistiu contra a Líbia, bombardeando massivamente aquele país com o pretexto hipócrita e absurdo de salvar civis inocentes, faz que tudo isso seja ainda mais urgente agora.

Conscientes de que a Terra é nosso lar comum, e de que todos devemos assumir a parte que nos cabe de responsabilidade perante ela, é por demais urgente que façamos da democracia e da independência nas Nações Unidas algo que verdadeiramente tenha sentido o lugar onde se ouçam as opiniões de todos e onde essas opiniões realmente contem no processo da tomada de decisões sem que ninguém seja excluído. No caso da Organização das Nações Unidas, seria um grande erro perder as esperanças de que um dia chegue a funcionar simplesmente porque não funciona na forma em que ela existe atualmente. O mundo tem grande necessidade de uma Nação Unida realmente capaz de enfrentar com eficiência as múltiplas crises convergentes que hoje constituem seu principal desafio, conquanto – já o sabemos todos – sejam todas elas crises provocadas pelo homem.

Entretanto, não se pode certamente continuar permitindo que qualquer de seus Estados Membros trate as Nações Unidas de maneira abusiva, como se ela fosse sua propriedade privada. De agora em diante, é imperativo que os membros se abstenham de querer controlar o mundo ou qualquer de suas nações soberanas. Este é um objetivo atingível, mas, evidentemente, requer esforço para que se possa atrever a tomar as medidas necessárias para obrigar a todos os Estados Membros das Nações Unidas, inclusive os mais poderosos, a respeitar a soberania, a independência e a integridade territorial dos outros Estados, além de se libertar-se de sua suicida obsessão pela guerra para impor sua vontade e apoderar-se dos recursos naturais de outros Estados.

O imperialismo é um dos maiores males que essa Organização tem de abolir, e não pode permitir que jamais volte a acontecer que permaneça impune uma manifestação sua. Não se deve dar pouca importância aos preparativos imperiais para o controle total e absoluto do planeta, já em estado bem avançado por parte daqueles que têm o poderio militar para destruir várias vezes a vida sobre a Mãe Terra e para exterminar a Humanidade. Sobretudo quando já demonstraram amplamente sua total falta de pudor para usar esse poder. Nós, que não queremos que desapareça a espécie humana e a maior parte da vida sobre a Terra, não devemos subestimar nenhum esforço no sentido de tentar uma mudança de comportamento de todos quantos querem dominar o mundo. Para empregar uma terminologia bíblica, a busca de poder cada vez maior nada menos é que uma obsessão diabólica, que se deve·combater sem descanso e com eficiência.

A falsidade, a hipocrisia e a perversidade de quem quer subjugar o mundo por meio da força já chegaram a ponto de pretenderem que sua cobiça e criminalidade sejam vistas pelo mundo como evidência de sua suposta magnanimidade e espírito compassivo. É assim que cometem as maiores agressões, que resultam na morte de centenas, milhares e até milhões de inocentes, tudo em nome de uma assim dita "responsabilidade de proteger", que nada mais é que perversa manipulação dos valores e dos princípios da Carta e da razão de ser da ONU. Nada mais é que um novo nome para o inexistente e criminoso "direito" de agredir e intervir nos assuntos internos de um Estado soberano, como bem o expressou o brilhante ex-presidente da CIJ, Mohammed Bedjaoui. Toda essa verborreia sobre R2P, jargão com que a ONU se refere à "Responsabilidade para proteger", não passa de um retoque cosmético e mudança de nome para os crimes e delitos que o imperialismo vem sempre cometendo. Isso ficou sobejamente claro no Painel Interativo sobre esse tema apresentado na Assembleia Geral de 23 de julho de 2009, que, como Presidente desse órgão, a mim coube presidir. E da qual também participaram Noam Chomsky, Ngugi wa Thiong'o, Jean Bricmont e Gareth Evans.

Entretanto, e apesar de tudo, não podemos deixar de enfatizar que, principalmente para forçar o cumprimento de suas resoluções e sanções, a atualizada ou reinventada Organização das Nações Unidas que propomos somente estará autorizada a empregar meios não violentos, conforme o espírito Satyagraha (poder da alma), de Gandhi. Só o amor pode vencer o ódio, que é o que caracteriza toda agressão. Estamos convencidos de que os meios que usamos na luta por justiça, paz, vida e na promoção e defesa do bem comum da Mãe Terra e da Humanidade serão as sementes das quais brotará o amanhã. Não temos outra opção. Ou já, agora, nos deixamos de matar, ou todos nós pereceremos.

Ao afirmar isso, é importante reconhecer que é certo que são uma minoria, embora poderosa, os governos que estão empenhados na promoção do ódio, das guerras, do egoísmo e de uma cobiça ilimitada e, por isso mesmo, uma minoria suicida. Entretanto, também somos testemunhas do aumento bem significativo do número de estadistas comprometidos em salvar os valores baseados em suas crenças ancestrais, tais como o amor, a justiça, a tolerância e a paz, mediante o espírito e a prática da solidariedade para com todos, começando, certamente, para com a Mãe Terra. Porque nunca devemos esquecer que a Mãe Terra pode viver sem nós ao passo que nós não podemos viver sem ela. Se no campo dos Direitos Humanos o respeito pela vida é o maior de nossos deveres, isso precisa começar por respeito, amor e cuidado pela Mãe Terra.

Há mais de trinta anos, escutam-se grandes vozes proféticas reclamando a independência e a democratização da Organização das Nações Unidas para que de fato exerça sua função. De imediato, vem-me à memória aquele inolvidável discurso do comandante Fidel Castro Ruz, herói mundial da solidariedade, quando, na qualidade de presidente do Movimento dos Países Não Alinhados (1979), se dirigiu à Assembleia Geral da ONU. Não consigo lembrar-me de outro discurso mais importante pronunciado neste fórum. Embora em outras latitudes, pessoas como Julius Nyerere, presidente da Tanzânia e herói mundial da justiça social, e, mais ao norte, Olof Palme, quando foi primeiro ministro da Suécia, também tenham feito intervenções memoráveis nas Nações Unidas.

O número de profetas do meio do povo que clamam por paz, justiça, tolerância, solidariedade internacional e uma ONU independente e democratizada tem aumentado grandemente na proporção direta do crescente descontentamento com o grande dano causado à Mãe Terra e à espécie humana por aqueles que usurparam das Nações Unidas a liderança do mundo. Creio que, nesse momento, minha região, América Latina e Caribe, possivelmente tenha, em proporção à sua população, o maior número dessas vozes proféticas, mesmo sendo verdade que é impressionante a coincidência dessas vozes proféticas com outras ao redor do mundo. Na elaboração desta proposta, tive muito bem presentes todos os meus irmãos e minhas irmãs do mundo, especialmente os povos originários e os mais despossuídos da Terra, em cujo nome aceitei, em 2008, o cargo de Presidente da Assembleia Geral das Nações Unidas.

Se na década de 1970, Fidel Castro Ruz foi o precursor, uma espécie de voz que clamava no deserto, com o passar do tempo todo o mundo pôde ser testemunha de como a Nicarágua acolheu esse clamor por meio da voz revolucionária de Daniel Ortega Saavedra, que transmitiu uma mensagem de amor e esperança para a Nicarágua, as Américas e todo o mundo. Inspirou-se o comandante Ortega nos ensinamentos de Jesus, de Sandino, e nas oportunas percepções éticas de Marx sobre a perversidade intrínseca da concepção capitalista da vida. Não se passou muito tempo para que o mundo começasse a ouvir também as vozes do valente, lúcido e grande comandante Hugo Chávez Frías, da República Bolivariana da Venezuela; do carismático jovem trabalhador, dirigente do Brasil, Luis Inácio Lula da Silva, que logo chegaria a ser o presidente mais amplamente respeitado e querido na história de seu país; e de Evo Morales Ayma, do Estado plurinacional da Bolívia, o grande estadista visionário que transmitiu fielmente ao mundo os valores ancestrais do povo Aymara, especialmente a concepção integral do bem viver, valores tão importantes para nos ajudar a salvar a Mãe Terra e a espécie humana.

Esses grandes dirigentes logo foram seguidos por Nestor e Cristina Kyrchner, cuja liderança tanto tem feito para reerguer a Argentina depois de seu grande descarrilamento político e econômico; Rafael Correa, o brilhante estadista e economista do Equador, que, junto com o valente e não menos brilhante economista político Ralph Gonsalves, primeiro ministro de São Vicente e Granadinas, tornaram eficaz o esforço dos países do Sul para garantir, em 26 de junho de 2009, o êxito da reunião da

Assembleia Geral da ONU sobre a crise mundial, nas finanças e na economia. O presidente Correa ajudou muito para que se conseguisse a Resolução Res/63/303 que, de fato, declara a Assembleia Geral, ou seja, o G-192, como o único foro com legitimidade para discutir temas relacionados à arquitetura econômica mundial, apesar da ativa oposição dos países do Norte.

No entanto, entre tantos avanços a favor da justiça e da verdadeira democracia, o golpe imperial se fez sentir contra o valente presidente José Manuel Zelaya Rosales, de Honduras, covardemente exilado de seu país por meio de um golpe de estado militar arquitetado por Washington devido às políticas progressistas de Zelaya em uma parte do mundo que o império se propôs conservar sob seu controle.

Em compensação, temos sido beneficiados pelos visionários primeiros ministros do Caribe anglófono que, com sua valentia e clareza de pensamento, muito têm contribuído para as ideias progressistas de nossa Pátria Grande. Entre estes, além de Ralph Gonsalves, já mencionado, destacam-se Winston Baldwin Spencer, de Antígua e Barbados, e Roosevelt Skerrit, de Dominica. Mas eles não estão sós, pois outros valentes e visionários dirigentes logo os seguirão. Por fim, mas nem por isso de menos importância, Fernando Lugo, o valente defensor dos pobres e despossuídos do Paraguai, país multicultural e plurilíngue, firme promotor da unidade latinoamericana e caribenha, como ainda o recém-eleito presidente do Uruguai, José Mujica, de quem há sobejos motivos para muito se esperar se há de se levar em conta sua trajetória de compromisso profundo com as causas da justiça social, com a solidariedade, e com a unidade da América Latina.

Nestes tempos, entretanto, há toda uma grande dimensão que o mundo inteiro está exigindo de seus dirigentes, além de um maior nível de coordenação e cooperação regional e de independência e democratização da ONU. Atualmente, na medida em que o mundo vai tomando consciência de que o amor e o respeito pela natureza são imprescindíveis para a sobrevivência da espécie humana, a

Mãe Terra ocupa o centro do cenário. Enquanto muitos estadistas e cientistas de todo o mundo reclamam isso, não tem havido uma voz mais clara e profética nesse tema que a do presidente Evo Morales Ayma, que, sem dúvida, será lembrado na história mundial como um dos maiores estadistas de todos os tempos.

Mesmo sentindo que eu pessoalmente apenas chegarei a ser, quando muito, uma nota de rodapé na história da presente conjuntura mundial, não posso negar que me senti muito engrandecido, embora, ao mesmo tempo envergonhado, ao ser, no prólogo de Ramsey Clarc a esta proposta, tão intimamente associado ao presidente Evo Morales, a quem tanto respeito e admiro. Fiquei contente pelo fato de Ramsey Clarc ter afirmado quase como se o presidente Evo Morales tivesse sido coautor da mesma.

Digo isso porque a única coisa que tentei fazer foi apresentar uma proposta de atualização da ONU, que corresponda às demandas que o presidente Morales e todos os dirigentes da ALBA, como também outros líderes progressistas latino-americanos e de outros países do mundo já de longo tempo, eloquentemente nos vêm fazendo. Esse tem sido meu objetivo e, por sua vez, é também o que o presidente Daniel Ortega, meu presidente, me havia encomendado.

Em uma carta ao presidente Evo Morales, escrita em 12 de janeiro de 2010, diz-lhe o presidente Ortega: "Delego como meu representante pessoal o nosso querido e respeitado irmão, o padre Miguel d'Escoto Brockmann, que está à disposição da ALBA e, em particular, a serviço das iniciativas que você vem desenvolvendo dentro da ALBA, na luta pela defesa da Mãe Terra".

Essa foi uma tarefa grandiosa, complexa, difícil, que implicava inevitavelmente a atualização, a independência e a democratização, numa só palavra, a reinvenção da ONU. Sendo eu um seguidor de Jesus de Nazaré, e tendo sempre tido um profundo respeito para com todos os profetas de Deus, em todas as religiões, incluindo particularmente os de nossos povos originários e de profetas seculares como Bolívar, Martí, Juárez, Morazán e

Sandino, constitui uma característica pessoal que me tem sido de grande utilidade na execução desta tarefa.

Outras experiências, porém, também tiveram grande utilidade para mim. Entre elas, posso citar meu serviço como Ministro de Assuntos Exteriores da Nicarágua revolucionária, por mais de uma década, enfrentando a guerra contrarrevolucionária, inventada, organizada, equipada e dirigida pelos Estados Unidos; o haver interposto, diante da Corte Internacional de Justiça (CIJ), em Haia, uma demanda contra os Estados Unidos, por sua agressão terrorista contra a Nicarágua, demanda que acabou resultando na mais forte condenação na história da justiça mundial contra um agressor imperialista; meu serviço como presidente da Assembleia Geral das Nações Unidas, de setembro de 2008 a setembro de 2009, e meu serviço atual como membro do Comitê Assessor do Conselho dos Direitos Humanos, em Genebra. Não obstante, e apesar de toda essa experiência, essa é uma tarefa que nunca poderia ter sido feita sozinho. Precisei sondar a sabedoria e a experiência de outros especialistas na Organização das Nações Unidas e conhecedores do estado atual do nosso mundo.

Sem a permanente e abnegada assistência da coordenadora desse projeto, Sofia M. Clark, e a generosa disponibilidade para consultas por parte de David Andrews, HSC, Maude Barlow, Mohammed Bedjaoui, Byron Blake, Leonardo Boff, Kevin Cahill, Noam Chomsky, Michael Clark, Ramsey Clark, Aldo Díaz Lacayo, Curtis Doebbler, Maria Fernanda Espinoza, Peter Hansen, Michael Kennedy, Francisco Lacayo Parajón, Eduardo Mangas, Norman Miranda, Joseph Mulligan, SJ, Paul Oquist, Pedro Páez, Francisco Plancarte, Gerardo Rodríguez, Danilo Rosales, Danilo Saraiva, Olivier De Schutter, Nirupan Sen, Joseph Stiglitz, Ngugi wa Thiong'o, Jorge Valero, e de muitas outras pessoas de sabedoria e prestígio, não estaríamos apresentando hoje esta versão final e enriquecida da proposta para a Reinvenção das Nações Unidas. Nós já havíamos introduzido a primeira versão na importante Conferência Mundial dos Povos sobre a mudança climática e os direitos da Mãe Terra, convocada pelo presidente Evo Morales Ayma, em Cochabamba, Estado plurinacional da Bolívia, de 19 a 22 de abril de 2010.

Além de todos esses reconhecimentos, sinto que é importante indicar que, sem o aporte substantivo de Leonardo Boff, por muitos anos meu inspirador, a Declaração Universal do Bem Comum da Mãe Terra e da Humanidade não teria tido resultado tão auspicioso quanto teve. Na verdade, se alguém devesse ser nomeado coautor de toda esta proposta, teria que ser Leonardo, a quem reputo como a atual reencarnação de São Francisco de Assis e irmão espiritual de nosso grande Evo Morales.

Finalmente, e de uma maneira toda especial, quero agradecer ao presidente Daniel Ortega Saavedra seu entusiasta apoio ao longo de toda a preparação dessa proposta e, em particular, para com a Declaração Universal do Bem Comum da Mãe Terra e da Humanidade, e ter convocado uma grande reunião na *Casa dos Povos*, em Manágua, em 27 de fevereiro de 2010, para ouvir a exposição de Leonardo Boff, dando assim por iniciado um processo nacional para tornar conhecida esta Declaração Universal em todas as escolas e domicílios da Nicarágua. Ao fazê-lo, o presidente Ortega destacou-se como o primeiro chefe de estado e de governo a aprovar a Declaração Universal do Bem Comum da Mãe Terra e da Humanidade, transformando a Nicarágua no primeiro país a conhecê-la amplamente e a ela dar seu apoio unânime.

Com todo o amor e respeito que se deve aos 192 chefes de Estado e de governo de nossa Organização Mundial, mas motivado também pelo desejo de contribuir para a salvação de nossa tão maltratada Mãe Terra e de nossa espécie humana, permito-me dar o conselho que se segue. Para que essa iniciativa não seja detida em seu curso nem seja engavetada, e para que seja eficaz, não se pode permitir que o processo de negociação e de aprovação desta proposta para a reinvenção das Nações Unidas caia na bem conhecida trama processual da ONU, que tem sido arquitetada com o único propósito de impedir qualquer mudança.

São, portanto, os chefes de Estado e de governo que devem ser encarregados de todo o processo de acumulação de aprovações para esta proposta, e não seus representantes permanentes perante a ONU, que acabam sendo as vítimas da trama processual. Não é esse um tipo de responsabilidade que se possa delegar.

O compromisso pessoal - ou a falta dele - da parte dos chefes de Estado e de governo em relação ao tema crucial de reinventar as Nações Unidas, é, por si, uma expressão do grau de importância que os presidentes e primeiros ministros atribuem ao assunto.

A causa da paz e da segurança internacional requer uma mudança radical nas Nações Unidas e em seus órgãos para que ela deixe de ser uma arma de morte a serviço de um império assassino e genocida, propenso a cometer agressões "humanitárias". Esta não é uma responsabilidade delegável. Ou a assumem presidentes e chefes de governo ou fracassaremos e perecerá a Humanidade.

Hoje, mais do que nunca, o mundo precisa de nações verdadeiramente unidas. Em primeiro lugar, como meio indispensável para defender-se da besta apolítica de sete cabeças que anda levando a cabo uma "faxina geral", pregando sua incompreensível e maléfica doutrina de bombardeio e genocídio "humanitário". Subvertendo, aliás, toda a ordem jurídica internacional e os princípios da própria Carta da ONU em nome de um sentimento hipócrita de responsabilidade de proteção. Em segundo lugar, para que amemos uns aos outros, sirvamos e protejamos nossa Mãe Terra, fazendo com que o amor e a solidariedade reinem entre nós e consigamos finalmente erradicar as guerras, a fome e a pobreza infra-humana deste mundo. Se realmente o desejamos, Deus dará a coragem e a força necessárias para o conseguirmos.

A vitória é possível desde que a batalha aconteça no nível que sua importância exige. O Grupo dos 77 mais a China, no mais alto nível, e por região, poderia ser o melhor modo de abordar esta proposta para assim continuar somando os votos necessários para sua apresentação e aprovação na Assembleia Geral.

Com a esperança de que esta proposta seja julgada satisfatória, coloco-me à disposição dos chefes de Estado e de governo para, entre outras coisas, elaborar uma proposta de estratégia ou trajetória a ser seguida, com o objetivo de obter o número necessário de adesões antes de submeter a proposta à Assembleia Geral para aprovação.

De pó cósmico de estrelas fomos feitos para resplandecer e brilhar nessa escuridão. Nossa missão é fazer desaparecer para sempre as trevas do ódio, da cobiça, a belicosidade e todo tipo de violência contra a Mãe Terra e a Humanidade. Temos de ser faróis de amor, de justiça e de paz que anunciam o despontar definitivo da AURORA dourada da solidariedade universal. Uma "Nações Unidas" reinventada é a forma para se conseguir tal intento.

Miguel d'Escoto Brockmann, M.M.
Manágua, 22 de abril de 2011

Dia Internacional da Mãe Terra

Miguel d`Escoto Brockmann, M. M.

Prólogo

Os senhores estão diante de uma obra de extraordinária importância para a vida no planeta Terra. Esta obra surge, em grande parte, da inspiração e do compromisso de dois líderes únicos no mundo.

Um, Miguel d'Escoto, sacerdote e teólogo da libertação. Ao nascer a Revolução Nicaraguense, foi Ministro de Assuntos Exteriores e, com o passar do tempo, chegou a tornar-se presidente da Assembleia Geral da Organização das Nações Unidas que, com suas 192 nações-membro, deveria e poderia ser reconhecida como a entidade legisladora do mundo. O outro, um caso bem mais excepcional na história, é um verdadeiro indígena, um legítimo nativo latino americano que viveu toda a sua vida, conquanto curta ainda, como um líder entre, do, por e para o povo originário da Bolívia, e que atualmente é presidente de todo o grande povo desta nação: Evo Morales Ayma. Não houve um líder igual a Morales desde Benito Juárez, o lídimo zapoteca, duas vezes eleito presidente do México. Foi Juárez quem pronunciou a definitiva declaração contra a autodestruição humana: "O respeito ao direito alheio é a paz".

Evo Morales e Miguel d'Escoto oferecem-nos aqui um imperativo de fé para a sobrevivência da vida como a conhecemos aqui na Terra. Esta fé está baseada na compreensão de que a natureza não conhece fronteiras humanas. Eis as palavras de uma velha canção popular: "estamos no mesmo barco, irmão, e quando envenenas um lado estás contaminando o outro".

Este enfoque vê o óbvio, que a atual tendência da desenfreada cobiça econômica destrói o meio ambiente, mas não quer assumir os custos da necessária limitação e proteção ambiental, recorrendo, inclusive, à guerra e à sua preparação (já em si grandes contaminadoras globais tanto física quanto moralmente), para poder continuar impondo a lógica dessa cobiça desenfreada.

A única maneira de conseguir a proteção ambiental que a vida requer é por meio da aplicação de normas ambientais estabelecidas por leis internacionais. O que os senhores têm em suas mãos é uma proposta para conseguir precisamente isso.

Esta proposta contém três partes:

1. **"A Declaração Universal do Bem Comum da Mãe Terra e da Humanidade"** é a proposta para uma Declaração da Assembleia Geral das Nações Unidas no estilo de uma Declaração Universal de Direitos Ambientais em harmonia com a Declaração Universal de Direitos Humanos.

2. **"O Tribunal Internacional de Justiça Climática e Proteção Ambiental"** propõe a criação de um novo tribunal da ONU com a jurisdição e as faculdades para proteger o meio ambiente universal. Consegue-se esta proposta mediante a adição de um novo capítulo, o XIII, na Carta das Nações Unidas, imediatamente depois do capítulo que cria "A Corte Internacional de Justiça" e antes do capítulo sobre "A Secretaria". Esse novo capítulo estabelecerá o Tribunal como uma Corte da Organização das Nações Unidas com a plena faculdade de aplicar a lei internacional relativa ao meio ambiente. Sua criação amplia os propósitos e os princípios da ONU para incluir a preservação da Mãe Terra.

3. **"O Estatuto do Tribunal Internacional de Justiça Climática e Proteção Ambiental"**. O estatuto do tribunal, estabelecido por meio de uma emenda à Carta da ONU, expõe detalhada-

mente as estruturas e a organização do tribunal, sua jurisdição, funções, fontes de direitos e deveres que aplica, e procedimentos administrativos.

O desafio abordado por estes três documentos é enorme. A sobrevivência é imprescindível. Tomara que algumas observações estimulem o compromisso com esta causa.

No ano de 1945, em São Francisco, finda a Segunda Guerra Mundial, exemplo da até então mais violenta barbárie humana, que arrasou boa parte de três continentes, provocando a morte de dezenas de milhões de crianças, mulheres e homens, 51 nações juntaram esforços com a finalidade de pôr fim ao flagelo da guerra, proteger os Direitos Humanos dos quais depende a paz, e promover um nível mais elevado de vida e maior liberdade para todos.

O meio para conseguir tudo isso seria, supostamente, a criação das Nações Unidas com o objetivo, de acordo com sua Carta, de promover princípios de justiça e cumprimento da lei internacional para, desta maneira, lograr que se alcançassem essas metas humanas tão fundamentais.

Dado que em 2011, decorridos já 66 anos, a maior parte desses objetivos está, entretanto, aguardando ainda ser cumprida, os 192 membros das Nações Unidas, em reconhecimento da urgente necessidade de atualizar sua própria Carta, deparam-se agora com o desafio imediato de abordar o evidente e presente perigo do desaparecimento da vida sobre a Terra como resultado de massivos assaltos humanos ao redor do mundo contra a capacidade de manter a vida no planeta.

Estima-se que, sem adequados controles, a população humana se multiplicará duas ou três vezes no decorrer da vida das crianças de hoje. Com consequências imprevisíveis, o acelerado ritmo dos assaltos exploradores dos seres humanos aos recursos naturais da Terra, com seus devastadores métodos tecnológicos de exploração, ameaça o ar, a água, os alimentos, a flora, a fauna e a própria vida – dádivas essenciais da Natureza para a manutenção dessa mesma vida – deixando a generosa Mãe Terra tão morta quanto a Lua.

O aquecimento global, ameaça em estado avançado, é, em grande parte, resultado de exploração, extração e consumo de combustíveis fósseis em uma escala que, entretanto, só cresce. Esses combustíveis são o produto da evolução de vastas extensões de florestas que há milhões de anos converteram esse dióxido de carbono em carvão, petróleo e gás, que agora se encontram depositados debaixo de múltiplas camadas da superfície cambiante e crescente da Terra.

Ao consumir esses combustíveis fósseis, emite-se dióxido de carbono na atmosfera, a qual, como resultado, retém o calor do sol, aumentando assim a temperatura do ar. Este é o chamado efeito estufa.

A camada de ozônio na atmosfera sempre serviu para absorver os raios ultravioletas do sol, protegendo assim a superfície da Terra da força nociva desses raios. Não obstante, nas últimas décadas têm aparecido buracos na camada de ozônio, na proximidade dos polos da Terra, expondo-a a esses fatais raios do Sol.

As atividades de construção, destruição, produção, o plástico, os sintéticos, a extração, o transporte, os vazamentos, o consumo crescente, os nocivos desperdícios químicos e o lixo provocam alta contaminação no ambiente além de ameaçarem a própria vida na terra, no mar e no ar.

Dentro de poucas décadas, o aquecimento global e o aumento do nível do mar afetarão gravemente o habitat de centenas de milhões de seres humanos em diversas partes ao redor do mundo, desde Bangladesh até a Flórida. Ventos fortíssimos atacarão populações costeiras, provocando, a qualquer momento, furacões e imprevisíveis inundações, enquanto o errático caráter do aquecimento global provocará secas, ondas de calor e de frio sem precedentes, nos dois hemisférios.

Os ursos polares estão viajando mais para o Sul, enquanto os pinguins viajam para o Norte. Ambas as espécies correm risco de extinção, ao lado de centenas de outras, desde o grandioso tigre até o minúsculo pássaro carvoeiro.

A gananciosa exploração humana dos ricos tesouros da Terra, num ritmo cada vez mais acelerado, ameaça a vida no planeta.

A insaciável sede do capital por ganhos cada vez maiores faz com que se derramem águas negras nos rios, nos lagos e nas águas costeiras; uma contaminação que se estende através dos vastos oceanos, enquanto lixo, detritos industriais e carcaças de carros, caminhões e outros veículos cobrem grandes extensões da paisagem.

Encontram-se detritos radioativos, e outros tipos de detritos nocivos, perto de populações humanas. Vastas florestas são derrubadas como se fossem simples capinzais, expondo assim o solo a processos de erosão e enchendo a atmosfera com uma crescente quantidade de dióxido de carbono (que antes as florestas ajudavam a absorver).

As economias em vias de desenvolvimento contêm mais da metade da população mundial em rápido aumento. Em países como China, Índia, Paquistão, Bangladesh, Indonésia, Nigéria, República Democrática do Congo, Egito, Brasil e Colômbia se concentra a maioria dos pobres que, por longos anos, têm sido privados de seus direitos básicos. Esses povos merecem alimentar--se bem, ter acesso a água limpa, serviços de saúde, educação, moradia e emprego. E enquanto isso, no outro extremo, uma minoria dos cidadãos do mundo entrega-se ao desnecessário e insaciável consumo, que caracteriza a vida moderna. A mania irresponsável dos ricos de comprar tudo o que lhes cai diante dos olhos multiplica o assalto aos recursos da Terra e a resultante maior contaminação ambiental.

A guerra, com sua ameaça de exterminação, deixa marcas cada vez maiores sobre a experiência humana e sobre a paisagem da Terra. O governo daquele que até agora é ainda o país mais rico do planeta, minha própria nação, os Estados Unidos, gasta mais com a guerra e com ameaça de guerra do que gastam militarmente todos os demais países do mundo juntos, incentivando dessa maneira outras nações a desviar recursos destinados ao desenvolvimento humano e à sobrevivência planetária para destruidoras provisões militares. A indústria militar e as outras indústrias de exploração que a sustentam servem e protegem os que mais contaminam a Terra, tanto em termos físicos quanto morais.

A frota submarina nuclear dos Estados Unidos patrulha os grandes oceanos do planeta, carregando mísseis e ogivas nucleares suficientes para destruir todas as cidades importantes do mundo. A ogiva nuclear W-88, montada sobre um míssil com alcance de quase 10.000 km, tem uma força explosiva de 475 kt, e é capaz de destruir tudo dentro de um raio de 80 km, ao mesmo tempo em que os raios de calor gama e nêutron provocariam tempestades de fogo e de ventos destruidores para muito além desse raio. Essa bomba tem 37 vezes mais força destrutiva do que a bomba que incendiou a cidade de Hiroshima em 1945, de apenas 12.5 kg-toneladas. São bombas que nenhuma pessoa humana e de são juízo deveria atrever-se a usar.

"Poderíamos ter salvado o mundo, mas fomos demasiado pusilânimes", escreveu Kurt Vonnegut, que, em 1945, quando era prisioneiro de guerra dos alemães, foi testemunha dos bombardeios de Dresden, uma cidade famosa por sua porcelana e outras artes.

Há vinte anos, Mikhail Gorbachov, prêmio Nobel da Paz, presidente da URSS e secretário geral do partido político governante jurou trabalhar pela proteção ambiental na mesma medida com que trabalhava pela paz. A urgente necessidade global não tem sido nenhum segredo. Se Gorbachov tivesse logrado consolidar uma liderança global, talvez os esforços mundiais para proteger o meio ambiente já tivessem conseguido enfrentar a deterioração ambiental de hoje.

Podemos, entretanto, salvar o mundo se tivermos interesse em fazê-lo e se atuarmos com um sentimento tão grande de urgência quanto aquele que procurou pôr fim ao flagelo da guerra, em 1945, quando se conseguiu criar a ONU. Os poderosos, no entanto, os que sempre se opõem às mudanças para proteger as minorias, têm intencionalmente logrado fazer da ONU uma organização disfuncional a serviço apenas de seus mesquinhos interesses imperiais. É imprescindível tornar independente e reinventar a Organização das Nações Unidas, colocando-a à altura das necessidades e dos conhecimentos do século XXI para convertê-la em uma organização funcional capaz de salvar o mundo que está vivendo a pior crise de sua história.

A proposta que os senhores têm em mãos nos apresenta uma maneira de atingir esse inadiável objetivo. Mas, desta vez temos de ter êxito não só em pôr fim à guerra contra a Humanidade, mas também em pôr fim à guerra da Humanidade contra este planeta Terra, onde vivemos. Ou morremos. Devemos entender a admoestação de Thoreau: "Na natureza indomada está a preservação do mundo". O que quer dizer que se tem de prestar muita atenção à sabedoria, ao poder e aos propósitos da Natureza.

Nenhum povo conheceu ou amou tanto a Mãe Terra quanto o povo primitivo, o povo das origens, o povo indígena, formado, no entanto, por centenas de milhões e encontrado em quase todos os países. Esses povos se sentem parte da Terra e dela cuidam dentro da lógica desse ponto de vista. Os povos das origens são os mais pobres, marginalizados e maltratados em qualquer lugar em que se encontrem, com a possível exceção do povo romani, que leva uma vida nômade. Os povos das origens são, e sempre foram, parte do meio ambiente. O que perturba o meio ambiente perturba-os igualmente.

Tatanka Yatanka, um nativo americano Sioux, conhecido na língua de seus opressores como Touro Sentado, sentenciou: "Pés saudáveis podem sentir o simples palpitar do coração da Sagrada Terra". Durante uma reunião de Conselho, em 1877, às margens do rio Pólvora pouco antes de liderar sua tribo no exílio no Canadá, o cacique disse: "Meus irmãos, já chegou a primavera, a Terra recebeu as carícias do sol. Em breve seremos testemunhas dos resultados desse amor. Toda semente despertou, assim como toda vida animal. É através deste misterioso poder que também nós existimos. É por isso, então, que reconhecemos a nossos vizinhos, inclusive a nossos vizinhos animais, os mesmos direitos que temos nós de habitar esta Terra". Dos americanos expansionistas e militaristas, a quem ele havia derrotado em várias ocasiões, disse: "Eles reclamam esta nossa Mãe Terra como algo de sua propriedade (...), para eles a sede de posse é uma doença (...). Desfiguram-na com suas construções e seus lixos (...), como um rio sem margens que destrói tudo o que encontra em seu caminho". Em breve, poderá a primavera chegar a emudecer definitivamente.

Uma observadora sábia e amante da reverência dos indígenas americanos para com a Mãe Terra, Willa Cather, escreveu: "Quando deixaram uma pedra ou uma árvore ou um banco de areia, o Navajo tomou o cuidado de eliminar qualquer marca de sua ocupação temporal. Enterrou as cinzas de seu fogo e os resíduos de alimentos, espalhou de novo as pedras que havia amontoado e tornou a encher os buracos que tinha feito na areia (...), da mesma maneira que o jeito de ser do homem branco foi impor-se sobre a paisagem a mudando e a transformando, o modo de o índio passar por uma paisagem era fazê-lo sem nada mudar, sem deixar rastro algum, como os peixes na água e os pássaros no ar".

"O modo de ser do índio era desaparecer na paisagem e não de se sobressair no meio dela. Os índios pareciam estar livres do desejo dos europeus de 'domar' a natureza, de transformá-la, de criar de novo (...). Quando os índios iam caçar, faziam-no com a mesma discrição; uma caça dos povos das origens nunca foi um massacre, matavam só o que precisavam e aproveitavam as peles, as penas e os ossos dos peixes. Não destruíam os rios nem os bosques e, para regar, tiravam somente a água necessária".

É dos primeiros habitantes que podemos aprender a reverência para com a vida na Terra, o que nos salvaria de nos tornarmos o último povo. Por gerações incontáveis nesta bondosa Terra, a Natureza não contemplou senão harmonia mediante seus generosos favores.

O grande poeta persa Hafez, que desafiou Tamerlão, escreveu:

"Doce pássaro, enquanto exista primavera,
uma vez mais cantarás nas pradarias,
o inverno passará e encontrarás tua melodia,
a rosa dará o sinal e suas pétalas te perfumarão".

Ramsey Clark
Nova Iorque, 10 de abril de 2011.

Carta da Organização das Nações Unidas

Uma Proposta

Abril de 2011

Declaração Solene

NÓS, os povos
das Nações Unidas,

Decididos:

Evitar a extinção da espécie humana, promover o desfrute universal de todos os direitos do homem e preservar a capacidade da Mãe Terra de gerar e sustentar a vida, hoje ameaçada por nossa irresponsabilidade social e ambiental.

Para tanto, comprometemo-nos solenemente a:

Empreender as ações necessárias para defender e fomentar com eficácia o bem comum da Mãe Terra e da Humanidade como vem expresso na Declaração Universal do Bem Comum da Mãe Terra e da Humanidade, que complementa a Declaração Universal dos Direitos Humanos, e fazê-lo sempre dentro do espírito de não violência da Satyagraha, de Gandhi.

Em decorrência, assumimos a responsabilidade de:

I.   Fazer o possível, em nível nacional e internacional, para preservar a espécie humana e a Mãe Terra;

II. Cooperar para assegurar que os recursos comuns da Humanidade, incluindo a atmosfera, sejam utilizados de maneira sustentável e repartidos equitativamente entre todas as nações, além de corrigir qualquer forma histórica de exploração indevida desses recursos;

III. Cooperar para assegurar a proteção e a promoção do bem comum da Mãe Terra e da Humanidade, em conformidade com a Declaração do Bem Comum da Mãe Terra e da Humanidade e com outras disposições do Direito Internacional;

IV. Cooperar para que os Direitos Humanos sejam respeitados em todas as partes, em conformidade com a Declaração Universal dos Direitos Humanos e com outras disposições do Direito Internacional;

V. Trabalhar a favor de um desarmamento nuclear total e de um mundo livre de todas as armas de destruição em massa, incluindo armas químicas, bacteriológicas e as construídas com urânio enriquecido, além de desmilitarizar o espaço exterior o mais rápido possível;

VI. Tomar as medidas mais enérgicas possíveis para impedir toda manipulação do clima a partir do espaço exterior, mediante técnicas de modificação ambiental, atualmente muito avançadas, com o intuito militar de derrotar o adversário, provocando inundações, secas, furacões, terremotos e tsunamis. Esse tipo de guerra climática poderá, em breve, se converter em uma das piores armas de destruição em massa, em crimes contra a Humanidade e genocídio, com a possibilidade de desestabilizar sistemas agrícolas e ecológicos em todo o planeta. Não se deveria poupar nenhum esforço para impedir que esse tipo de guerra climática um dia chegue a ocorrer;

VII. Prevenir a agressão militar, entendida como a ameaça ou o uso da força militar unilateral, ou a ameaça ou o uso da coerção econômica, tanto para dobrar a vontade soberana de um Estado, como para lhe negar o benefício de seus recursos naturais, ou para anexar ou usurpar seu território;

VIII. Proteger e promover o direito sagrado de todos os povos à paz e à segurança;

IX. Abolir a guerra e fazer o possível para preveni-las como sendo um meio para resolver situações de conflito entre as nações;

X. Garantir o cumprimento das resoluções das Nações Unidas e das sentenças de seus órgãos judiciais;

XI. Proscrever a construção de bases militares estrangeiras em qualquer dos Estados Membros, e aprovar uma resolução vinculante que ordene o desmantelamento de todas as existentes;

XII. Erradicar a fome e a pobreza, promover a soberania alimentar de todos os povos, e garantir que as leis e instituições, nacionais e internacionais, sejam coerentes com este objetivo.

E para conseguir estes fins:

Colocar o amor e a solidariedade no centro de toda atividade humana, sem exceções nem exclusões, e viver como irmãos e irmãs, em paz e em harmonia.

Cooperar entre si para fazer do nosso mundo um lugar de inquebrantável solidariedade com a Mãe Terra e com todas as criaturas viventes.

Resolvemos unir nossos esforços para alcançar estes objetivos.

Em consequência, nossos respectivos governos concordam em subscrever a Carta das Nações Unidas, na forma como segue:

Capítulo 1
Propósitos e Princípios

Artigo 1

Os propósitos das Nações Unidas são:

1. Manter a paz e a segurança internacional e, para tal fim: tomar medidas coletivas eficazes para prevenir e eliminar ameaças à paz; suprimir atos de agressão ou outros atos contrários à paz; conseguir, por meios pacíficos e conformes aos princípios da justiça e do Direito Internacional, o ajuste ou o ordenamento de controvérsias ou situações internacionais suscetíveis de levar a rompimentos da paz.

   Conseguir a erradicação do imperialismo, ou seja, da imposição do poderio econômico ou militar de um Estado sobre a vontade soberana de outro Estado, e, para tal fim: tomar eficazes medidas coletivas para promover a adesão estrita ao império da lei nas relações internacionais e o respeito à presente Carta, e não permitir que, impunemente, qualquer Estado Membro ou não membro se comporte de forma imperialista.

2. Conseguir a abolição absoluta da guerra em todas as suas formas constitui um propósito fundamental das Nações

Unidas e um componente essencial do direito de todos os povos à paz. Disso depreende-se que as guerras de agressão, tal como se lê na Carta e no Juízo do Tribunal de Nürnberg, constituem o "crime internacional supremo" e, portanto, os Estados Membros e as Nações Unidas farão com que o combate a crimes de agressão seja uma prioridade da Organização.

3. Conjugar a força moral e a espiritual, a determinação e o senso de responsabilidade social e ambiental de todos os seus Estados Membros, no espírito de tolerância de nossas diferenças religiosas, filosóficas e culturais, sem excluir ninguém, com fins de promover o Bem Comum da Mãe Terra e da Humanidade, a abolição da guerra, a erradicação da fome e da pobreza da face da Terra, proteger e promover a biodiversidade, assim como a diversidade cultural.

4. Velar para que os ricos e poderosos não imponham suas vontades e preferências sobre nenhum dos Estados Membros.

5. Fomentar relações de amizade entre as nações baseadas no respeito ao princípio de igualdade de direitos e da livre determinação dos povos, e tomar outras medidas adequadas, não violentas, para fortalecer a paz universal, em conformidade com os Artigos 3 e 4 desta mesma Carta.

6. Realizar a cooperação internacional na solução de problemas internacionais de caráter econômico, social, ambiental, cultural ou humanitário, e o desenvolvimento e estímulo do respeito pelo Bem Comum da Mãe Terra e da Humanidade, incluindo os Direitos Humanos e as liberdades fundamentais de todos, sem distinção por motivos de raça, sexo, idioma ou religião.

7. Servir como centro de harmonização dos esforços das nações para alcançar esses propósitos comuns.

Artigo 2

Para a realização dos propósitos consignados no Artigo 1, a Organização e seus Estados Membros procederão de acordo com os seguintes princípios:

1. A Organização está baseada nos princípios de igualdade soberana entre seus Estados Membros e de solidariedade destes com os seres humanos.

2. O imperialismo, pelo fato de impor a lei da selva, isto é, o direito do mais forte e ignorar flagrantemente o império da lei nas relações internacionais, viola o princípio fundamental em que se baseia esta Organização, a igualdade soberana de todos os Estados, e constitui uma grave ameaça à paz e à segurança internacional. Por conseguinte, todos os Estados Membros, sem exceção, farão tudo o que esteja a seu alcance para garantir que nenhum Estado Membro ou não membro se comporte de maneira imperialista impunemente.

3. Todos os Estados Membros da Organização, sem exceção, para assegurar os direitos e os benefícios inerentes à sua condição de Estados Membros, cumprirão de boa fé as obrigações que contraíram, conforme esta Carta.

4. Todos os Estados Membros da Organização, sem exceção, resolverão suas controvérsias internacionais por meios pacíficos; de maneira que a paz, a segurança e a justiça internacional não sejam colocadas em perigo.

5. Todos os Estados Membros, sem exceção, abster-se--ão, em suas relações internacionais, de recorrer à ameaça ou ao uso da força, ou a qualquer outra forma incompatível com os propósitos desta Carta, contra a integridade territorial ou a independência política de qualquer Estado.

6. As Nações Unidas e todos os seus Estados Membros, em qualquer circunstância e sem exceção, respeitarão a soberania e a integridade territorial de todos os Estados e, por isso, abster-se-ão de intervir militarmente ou de outra maneira, ou pela subministração de armas ou de inteligência, onde e quando quer que seja que surjam assuntos de autonomia ou separação.

7. Nenhum Estado Membro suprirá com armas ou entrará em qualquer tipo de acordo militar com qualquer parte de um Estado Membro, prejudicando, deste modo, o governo legítimo.

8. Nenhum Estado Membro usurpará ou tentará usurpar, para si, as funções das Nações Unidas ou de seus órgãos judiciais.

9. Todos os Estados Membros, sem exceção, ou organizações militares, para evitar serem considerados, condenados e proscritos como organizações militares para a agressão coletiva, abster-se-ão de prestar qualquer tipo de ajuda a um Estado que promove, ameace, planeje ou cometa ações ilegais contra outro Estado, inclusive quando esses planos ou ações se baseiem em uma presumida falta de respeito à letra óu ao espírito desta Carta; ou se baseiem em uma presumida violação dos Direitos Humanos, por parte de um Estado.

A Reinvenção da ONU | Uma Proposta

10. Nenhum Estado Membro estigmatizará outro Estado Membro como "terrorista" ou utilizará outro tipo de linguagem difamatória contra um Estado Membro por este defender seu território, sua independência e sua soberania internacionais.

11. Todos os Estados Membros, sem exceção, têm o sagrado dever, para com as gerações presentes e futuras, de cuidar da Mãe Terra e preocupar-se com o bem-estar de todos os seus povos. Os Estados Membros promoverão uma administração responsável para com a Mãe Terra, que inclui o respeito inquebrantável do direito de todos os povos à paz, ao desenvolvimento sustentável e à coexistência pacífica.

12. Todos os Estados Membros, sem exceção, promoverão o respeito pela Mãe Terra e pela Humanidade, e empreenderão ações individuais e coletivas para prevenir interferências perigosas aos ciclos naturais da Mãe Terra, ao mesmo tempo que promoverão o direito ao desenvolvimento sustentável de todas as nações, grandes e pequenas, levando devidamente em conta os princípios básicos de justiça climática e de responsabilidade comum, se bem que diferenciada e com equidade.

13. Todos os Estados Membros, sem exceção, trabalharão com vistas a metas universais ou comuns, para garantir acesso amplo e sem restrição a tecnologias ecologicamente aceitáveis, especialmente para os Estados Membros que necessitam de tais tecnologias para alcançar seus objetivos de desenvolvimento sustentável.

14. Todos os Estados Membros cooperarão para o desenvolvimento progressivo de tecnologias endógenas ecologicamente aceitáveis, e a colocar esses conhecimentos

39

à disposição dos Estados Membros que requeiram tais tecnologias para alcançar suas metas de desenvolvimento sustentável.

15. Todos os Estados Membros, sem exceção, farão esforços para chegar à eliminação de armas nucleares e de destruição em massa, incluindo todo instrumento bélico construído com urânio enriquecido.

16. Todos os Estados Membros, sem exceção, prestarão às Nações Unidas toda classe de ajuda em qualquer ação que ela exerça em conformidade com esta Carta, e abster-se-ão de dar ajuda a qualquer Estado contra o qual as Nações Unidas estiverem exercendo ação preventiva ou coercitiva.

17. A Organização fará que os Estados ou territórios que não sejam Estados Membros das Nações Unidas portem-se de acordo com esses princípios na medida em que seja necessário para manter paz e segurança internacional.

18. Nenhuma disposição desta Carta autorizará às Nações Unidas intervir nos assuntos que, conforme a interpretação de seus órgãos oficiais, sejam essenciais e juridicamente da jurisdição interna dos Estados; nem obrigará os Estados Membros a submeter ditos assuntos a procedimentos de ajustes, de acordo com a presente Carta; tudo isso sem prejuízo da aplicação das medidas coercitivas prescritas no capítulo VII desta Carta.

19. A ocupação ilegal de um Estado ou de parte dele por outro é algo contrário e incompatível com uma ordem mundial que leve à manutenção da paz e da segurança internacional. Portanto:

a) Qualquer Estado ou parte dele sob ocupação externa deverá ser libertado, o mais tardar, até a entrada em vigor desta Carta. Isto inclui a retirada de Israel, no Estado da Palestina, de todos os territórios ocupados desde 1967, conforme o estipulado em numerosas resoluções da Assembleia Geral e do Conselho de Segurança da ONU; e a retirada de Israel do Golã Sírio. Essa ação incluirá a retirada total de todas as forças de ocupação da República Islâmica do Afeganistão e da República do Iraque, assim como a devolução de Guantânamo à República de Cuba, seu legítimo dono.

b) Todos os Estados Membros deverão acelerar os processos de descolonização não concluídos, particularmente a reintegração de posse das Ilhas Malvinas para a República da Argentina, e tomar medidas para garantir a satisfação da vontade soberana dos Povos de Porto Rico e da República Árabe Saharaui Democrática, para que determinem seu futuro status.

c) A retirada obrigatória de um território ilegalmente ocupado implica também a obrigação de o Estado ocupante realizar os reparos dos danos causados pela ocupação ilegal, total ou parcialmente.

d) A Assembleia Geral das Nações Unidas solicitará os bons ofícios da Corte Internacional de Justiça (CIJ) para que determine em que deve consistir a reparação que se menciona no inciso anterior, e, com esse propósito, pedirá ao Estado submetido a uma ocupação externa, um Memorial, por escrito, quantificando os danos da agressão e/ou ocupação. No caso de a CIJ declarar sua incompetência ou, pelas razões que forem, sua inabilidade para cuidar do assunto, a Assembleia Geral assumirá essa responsabilidade sob a assistência de uma Comissão Especial, criada para esse propósito. Além do Memorial sobre danos, a CIJ ou a Assembleia Geral poderá fazer uso dos conhecimentos das relevantes agências especializadas das Nações Unidas.

20. a) Todos os Estados Membros considerarão qualquer intento de um Estado Membro, ou não membro, de desmembrar ou, de qualquer outra maneira, atuar contra a integridade territorial de outro Estado; de promover ou aproveitar distúrbios locais ou subversões separatistas em qualquer Estado como crime que implica consequências legais para o Estado agressor, as quais serão determinadas pela Corte Internacional de Justiça (CIJ). No caso de a CIJ se declarar incompetente, a Assembleia Geral das Nações Unidas, assistida por uma Comissão Especial, criada para tal, assumirá essa responsabilidade.

b) Todos os Estados Membros e a Organização das Nações Unidas, com fins de resguardar a paz e a segurança internacionais, nestes tempos em que as ameaças à integridade territorial de Estados soberanos, por interesses estranhos, estão se convertendo em uma prática cada dia mais frequente, se empenharão em dar particular atenção para garantir o pleno e incondicional respeito de Uma Só China e a natureza indivisível da Federação Russa.

21. Os Estados Membros e as Nações Unidas se empenharão com prioridade para conseguir a total abolição da guerra em todas as suas formas e promoverá o ajuizamento por crimes de agressão. A abolição da

A Reinvenção da ONU | Uma Proposta

guerra em todas as formas proíbe sua privatização, como também que qualquer Estado Membro subcontrate empresas provedoras de serviços de "defesa" (EPSDs); proíbe igualmente a intervenção militar para qualquer fim, incluída a intervenção chamada humanitária; e proíbe ainda a aplicação de pressão econômica e política para dobrar a soberania ou independência política de outro Estado ou para atentar de qualquer forma contra sua integridade territorial.

22. Embora seja a erradicação total das guerras e a consecução de um mundo desmilitarizado objetivos essenciais das Nações Unidas, antes de conseguir plenamente esses objetivos, todo Estado pode exercer o direito imanente à sua defesa individual e coletiva, como está claramente estabelecido no Capítulo VII, Artigos 57, 58 e 59. Mesmo assim, os tratados e as organizações comprometidos com a guerra, para expandir a área sob o controle de um ou vários Estados e seus aliados, não entram na categoria de legítimos acordos internacionais para a autodefesa coletiva e, de fato, constituem grave ameaça à paz e à segurança internacional.

23. Tais instrumentos, diametralmente opostos aos fins pacíficos das Nações Unidas, também constituem grave ameaça para a Organização das Nações Unidas, e, por conta disso, os Estados Membros procurarão compatibilizar esses instrumentos com o Direito Internacional e com esta Carta. Os tratados militares e as organizações, que persistem sistematicamente em agir fora do estado de direito e da presente Carta, serão declarados "fora da lei" pela Assembleia Geral das Nações Unidas com todas as consequências legais que isso comporte para os Estados Membros que recusem separar-se de tais organizações ou

alianças ilegais que atentam contra a paz e a segurança internacional.

24. Reconhecendo, e não querendo mudar a natureza intergovernamental das Nações Unidas, os Estados Membros desejam reconhecer também o crescente e positivo envolvimento de algumas Organizações Não Governamentais Internacionais (ONG) na vital tarefa de despertar a consciência sobre a gravidade de algumas das mais sérias crises que ameaçam a vida sobre a Terra, bem como na busca de soluções viáveis.

25. Neste espírito, reconhecendo que quase a metade das pessoas no mundo é formada por camponeses, e que a distribuição mundial de alimentos no futuro dependerá, em grande parte, da pequena agricultura, os estados Membros outorgam à ONG *Via Camponesa* o status especial de "observador permanente" perante a Assembleia Geral, assim como perante todos os demais órgãos relevantes do sistema das Nações Unidas. Esse reconhecimento confere à *Via Camponesa* o direito de dirigir-se à Assembleia Geral quando outros observadores permanentes o fazem, e em outras ocasiões em que a Assembleia Geral o considere oportuno. Essa ONG é uma organização que goza de amplo reconhecimento internacional como verdadeiramente representativa da problemática do campo em todo o mundo.

26. Responsabilidade de proteger não é mais que um novo nome para o perverso "direito" de intervenção, agressão e/ou ocupação que alguns poderosos Estados Membros vêm promovendo. Com isso, pretende-se subverter todos os princípios e valores da Carta e, em especial, os da não agressão, da abolição das guerras

e da solução pacífica de todo rompimento ou ameaça de rompimento da paz.

Artigo 3

1. Nenhum Estado Membro poderá negar a nenhum povo seu direito à autodeterminação.

2. Os Estados Membros das Nações Unidas comprometem-se a garantir o pleno exercício da autodeterminação de todos os povos, em conformidade com o princípio de equidade entre todos os povos; e aceitam, como dever sagrado, a obrigação de promover a igualdade, o bem-estar e o desenvolvimento socioeconômico de todos os povos. Para isso, deverão:

   a) Garantir o devido respeito à cultura e aos valores de todos os povos com os quais se relacionam, seu desenvolvimento político, econômico, ecológico, social e educacional, e um tratamento justo para todos;

   b) Promover assistência aos povos que exercem seu direito à autodeterminação na libertação da ocupação opressiva e externa;

   c) Fomentar a paz e a segurança internacionais;

   d) Criar medidas construtivas de desenvolvimento, estimular a investigação e cooperar com todos – quando e onde seja apropriado –, e fazê-lo por meio dos organismos especializados das Nações Unidas ou de outros órgãos internacionais visando obter o mais elevado nível de desenvolvimento social, econômico, científico e tecnológico, e de respeito aos Direitos Humanos.

Artigo 4

Os Estados Membros das Nações Unidas respeitarão o direito à autodeterminação de todos os povos nos Estados soberanos e cooperarão com eles. Para esse fim e com base no princípio geral da boa vizinhança, levarão devidamente em conta os interesses e o bem-estar dos povos em seus respectivos Estados, em matérias socioeconômicas e ambientais.

Capítulo II
Membros

Artigo 5

1. São membros originários das Nações Unidas os Estados que, tendo participado da Conferência das Nações Unidas sobre Organização Internacional, celebrada em São Francisco, ou que, tendo firmado previamente a Declaração das Nações Unidas de 1° de janeiro de 1942, subscreveram a Carta de 1945 e a ratificaram de acordo com o Artigo 110.

2. Com a aprovação desta Carta por uma maioria formada por dois terços da Assembleia Geral em conformidade com o Artigo 120, fica entendido que os 192 Estados Membros atuais conservam sua condição, a menos que expressem formalmente seu desejo de retirar-se.

3. A entrada em vigor desta Carta se regerá na conformidade com o estabelecido no capítulo XVII, Artigo 120.

Artigo 6

1. Poderão ser membros das Nações Unidas todos os Estados amantes da paz, que aceitem as obrigações consignadas nesta Carta, e que, a juízo da Organização, estejam capacitados a cumprir tais obrigações e estejam dispostos a fazê-lo.

2. A admissão de tais Estados como membros das Nações Unidas se efetuará por decisão da Assembleia Geral, em conformidade com o estabelecido no Artigo 21.

Artigo 7

1. Todo Estado Membro das Nações Unidas, que tenha sido objeto de ação preventiva, ou coercitiva, por parte do Conselho de Segurança ou da Assembleia Geral, poderá ser suspenso do exercício dos direitos e privilégios inerentes à sua qualidade de membro, mediante uma decisão da Assembleia Geral, em conformidade com o Artigo 21.

2. O exercício de tais direitos e privilégios poderá ser restituído mediante uma decisão da Assembleia Geral, em conformidade com o Artigo 21.

Artigo 8

1. Um Estado Membro das Nações Unidas, que tenha violado, sistematicamente, os propósitos e princípios contidos nesta Carta, que tenha sido condenado por guerras de agressão, ou que não tenha aceitado sentenças da Corte Internacional de Justiça ou do Tribunal Internacional de Justiça Climática e de Proteção Ambiental, poderá ser expulso da Organização se assim o decidir a Assembleia Geral, em conformidade com o Artigo 21.

2. Um Estado Membro da Organização que se torne culpável, conforme os termos acima mencionados, independentemente de que sua condição de membro tenha sido suspensa, revogada ou continue vigente, não poderá servir como membro do Conselho de Segurança, e nenhum cidadão seu será elegível como magistrado de qualquer órgão judicial das Nações Unidas, enquanto não tenha cumprido as pertinentes resoluções do Conselho de Segurança, as sentenças da CIJ ou do TIJCPA.

Capítulo III
Órgãos

Artigo 9

1. Fica estabelecida uma Assembleia Geral como o órgão principal das Nações Unidas, assim como órgãos da Organização um Conselho de Segurança, um Conselho Econômico e Social, um Conselho dos Direitos da Mãe Terra e dos Direitos Humanos, e, como órgãos judiciais, uma Corta Internacional de Justiça, um Tribunal Internacional de Justiça Climática e de Proteção Ambiental, e uma Secretaria.

2. Fica estabelecida, como um órgão subsidiário da Assembleia Geral, a Alta Comissão para Salvaguardar a Integridade da Carta.

3. Poderão ser estabelecidos, de acordo com as disposições da presente Carta, os órgãos subsidiários que se julguem necessários.

Artigo 10

A Organização promoverá a participação equitativa de homens e mulheres em seus organismos principais e subsidiários.

Capítulo IV
A Assembleia Geral

Composição

Artigo 11

1. A Assembleia Geral é o órgão principal das Nações Unidas, seu Presidente é o funcionário de maior importância da Organização, e ela será integrada por todos os Estados Membros das Nações Unidas.

2. Nenhum Estado Membro poderá ter mais que cinco representantes na Assembleia Geral.

Funções e Poderes

Artigo 12

1. A Assembleia Geral poderá discutir quaisquer assuntos ou questões dentro dos limites desta Carta ou que se refiram aos poderes e às funções de qualquer dos órgãos criados por ela.

2. A Assembleia geral poderá aprovar resoluções vinculantes ou fazer recomendações, sobre tais assuntos ou questões, aos Estados Membros das Nações Unidas, ou ao Conselho de Segurança, ou a ambos.

Artigo 13

1. A Assembleia Geral poderá considerar os princípios gerais da cooperação na manutenção da paz e da segurança internacionais, inclusive os princípios que regem o desarmamento e a regulação dos armamentos. Poderá também aprovar resoluções vinculantes ou fazer recomendações, em relação a tais princípios, aos estados Membros ou ao Conselho de Segurança, ou a este e àqueles.

2. A Assembleia Geral poderá discutir toda questão relativa à manutenção da paz e da segurança internacional, ou a crimes contra a Mãe Terra que qualquer Estado Membro das Nações Unidas ou o Conselho de Segurança, ou qualquer Estado que não seja membro das Nações Unidas apresente à sua consideração, em conformidade com o Artigo 43, parágrafo 2. Poderá, da mesma forma, aprovar resoluções vinculantes ou fazer recomendações acerca de tais questões ao Estado ou Estados interessados, ou ao Conselho de Segurança, ou a este e àqueles. Toda questão dessa natureza que requeira ação será referida ao Conselho de Segurança pela Assembleia Geral, antes ou depois de discuti-la.

3. Qualquer Estado Membro das Nações Unidas, cujos interesses sejam afetados por uma decisão do Conselho de Segurança, pode apelar para a Alta Comissão para Salvaguardar a Integridade da Carta, com o propósito de determinar a legitimidade da decisão.

4. A Alta Comissão para Salvaguardar a Integridade da Carta determinará se a decisão que se examina está de acordo ou não com ela presente.

Artigo 14

1. O Conselho de Segurança informará ao Presidente da Assembleia Geral e ao Secretário Geral, no início de cada sessão, sobre qualquer assunto vinculado à manutenção da paz e da segurança internacional que esteja na agenda do Conselho de Segurança. O Conselho de Segurança informará ao Presidente da Assembleia Geral e ao Secretário Geral quando terminar de tratar esses assuntos.

2. Quando o Secretário Geral for notificado pelo Conselho de Segurança, em conformidade com o Parágrafo 1 deste Artigo, transmitirá imediatamente tal informação a todos os membros da Assembleia Geral.

3. O Presidente da Assembleia Geral estará à disposição dos Estados Membros, que desejem usar seus bons ofícios para resolver, pacificamente, suas disputas.

4. No caso em que um terço dos membros da Assembleia Geral expressar insatisfação, em relação à resposta ou à falta de resposta do Conselho de Segurança,

em casos de ameaça ou de rompimento da paz, ou de atos de agressão, a Assembleia Geral agirá prontamente para tratar ou resolver a situação.

5. Nos casos de não cumprimento das resoluções das cortes ou dos tribunais internacionais que façam parte do sistema judicial das Nações Unidas, em conformidade com seus respectivos estatutos, e quando uma parte tenha, infrutiferamente, recorrido ao Conselho de Segurança para que se apliquem medidas coercitivas, a Assembleia Geral decidirá, prontamente, a ou as medidas ou sanções que julgue necessárias para obrigar o efetivo cumprimento da resolução não acatada, a pedido da parte afetada por ela.

Artigo 15

A Assembleia Geral promoverá estudos e fará recomendações para os seguintes fins:

a) Fomentar a cooperação internacional no campo político e impulsionar o desenvolvimento progressivo do Direito Internacional e sua codificação;

b) Animar a cooperação em matérias de caráter econômico, social, cultural, educacional e sanitário, e ajudar a tornar efetivos os direitos da Mãe Terra, os Direitos Humanos e as liberdades fundamentais de todos, sem distinção por motivo de raça, sexo, idioma ou religião;

c) Promover o Bem Comum da Mãe Terra e da Humanidade.

Artigo 16

1. A Assembleia Geral poderá aprovar resoluções ou fazer recomendações para a resolução pacífica de qualquer situação, seja qual for sua origem, que julgue poder prejudicar o bem-estar geral ou as relações amistosas entre as nações, inclusive as situações resultantes de uma violação das disposições desta Carta, que enunciam os propósitos e princípios das Nações Unidas.

2. As presumidas violações à presente Carta, perpetradas por algum órgão das Nações Unidas e disputadas por um Estado Membro com o apoio de um terço dos Estados Membros da Assembleia Geral, serão submetidas à Alta Comissão para Salvaguardar a Integridade da Carta. Se a Alta Comissão determinar que a decisão ou a ação que se examina é incompatível com a Carta e com o Direito Internacional, a Assembleia Geral tomará medidas imediatas para modificar a decisão, a fim de colocá-la em consonância com a Carta, ou anulará a decisão com efeito retroativo.

Artigo 17

1. A Assembleia Geral receberá e considerará relatórios anuais e especiais do Conselho de Segurança. Esses

relatórios compreenderão uma relação das medidas que o Conselho de Segurança tenha decidido aplicar ou haja aplicado, para manter a paz e a segurança internacionais. A Assembleia Geral poderá solicitar relatórios especiais do Conselho de Segurança quando o julgue necessário.

2. A Assembleia Geral receberá e considerará relatórios anuais e especiais do Conselho dos Direitos da Mãe Terra e dos Direitos Humanos. A Assembleia Geral poderá solicitar relatórios especiais do Conselho dos Direitos da Mãe Terra e dos Direitos Humanos quando o julgue necessário.

3. A Assembleia Geral receberá e considerará relatórios do Conselho Econômico e Social e dos demais órgãos ou agências especializadas das Nações Unidas.

4. A Assembleia Geral receberá e considerará relatórios dos "observadores permanentes", em particular os provenientes da ONG *A Via Camponesa*, e poderá solicitar informes especiais sobre assuntos relacionados com suas áreas de especialização, cada vez que o julgue oportuno. Poderá solicitar relatórios especiais sobre assuntos relacionados com suas áreas de especialização sempre que considerar oportuno.

Artigo 18

1. A Assembleia Geral examinará e aprovará a previsão orçamentária da Organização.

2. Os Estados Membros sufragarão os gastos da Organização na proporção que determine a Assembleia Geral.

Artigo 19

1. Com o fim de criar fontes independentes de financiamento para a Organização, os Estados Membros concordam que a Assembleia Geral estará autorizada a estabelecer um sistema de impostos sobre todas as atividades econômicas levadas a cabo nos espaços de herança comum. Estas atividades incluirão:

   a) O transporte aéreo internacional, inclusive a venda de bilhetes para passageiros e mercadorias;

   b) O transporte marítimo internacional, incluindo a venda de bilhetes para passageiros e mercadorias;

   c) A pesca e outros tipos de exploração das águas internacionais ou dos fundos e subsolos marinhos que, além das outras obrigações internacionais existentes, poderão ser objeto de impostos pela Assembleia Geral;

   d) A exploração e benefício econômico do espaço exterior ou dos astros;

   e) Todo correio internacional ou serviço internacional de envio, cada peça sujeita a imposto, em conformidade com a recomendação de especialistas e ratificado pela Assembleia Geral.

2. Os impostos estabelecidos em conformidade com este artigo serão aplicados por cada Estado Membro, sob a supervisão de uma comissão especial de impostos estabelecida para tal fim pela Assembleia Geral, em coordenação com o Secretário Geral, e serão remetidos à Organização dentro de sessenta dias, contados a partir da abertura de cada nova seção da Assembleia Geral.

Artigo 20

1. A Assembleia Geral considerará e aprovará os acordos financeiros e provisionais que se celebrem com os organismos especializados de que trata o Artigo 67, e examinará as provisões orçamentárias administrativas e operacionais desses organismos especializados, com a finalidade de fazer recomendações gerais aos órgãos correspondentes.

2. A Assembleia Geral tomará a seu cargo a supervisão geral para assegurar que as operações e políticas das agências especializadas estejam de acordo com as obrigações pertinentes da Carta, e que suas prioridades institucionais promovam o maior bem comum da Mãe Terra e da Humanidade.

Votação

Artigo 21

1. Cada Estado Membro da Assembleia Geral terá um voto.

2. A Assembleia Geral está autorizada a adotar decisões ou resoluções de caráter vinculante.

3. As decisões da Assembleia Geral, em relação aos assuntos a seguir indicados, são vinculantes e se tomarão por consenso ou, quando o consenso não seja possível, por maioria de dois terços dos Estados Membros presentes e votantes. Estas questões compreenderão:

   a) Todos os assuntos relativos à Mãe Terra e ao meio ambiente;

   b) Todos os assuntos relativos ao desenvolvimento econômico e social;

   c) Todos os assuntos relativos à paz e à segurança internacionais, em geral;

   d) Eleição dos Estados Membros do Conselho de Segurança;

   e) Eleição dos Estados Membros da Alta Comissão para Salvaguardar a Integridade da Carta, a ação subsequente da Assembleia Geral, que modificará ou revogará uma decisão ilegal do Conselho de Segurança;

f) Eleição dos Estados Membros do Conselho Econômico e Social;

g) Eleição dos Estados Membros do Conselho dos Direitos da Mãe Terra e dos Direitos Humanos;

h) Eleição dos magistrados para a Corte Internacional de Justiça;

i) Eleição dos magistrados para o Tribunal Internacional de Justiça Climática e Proteção Ambiental;

j) Eleição do Secretário Geral;

k) Admissão de novos Estados Membros às Nações Unidas;

l) Suspensão dos direitos e privilégios dos Estados Membros ou a expulsão de Estados Membros;

m) Restauração dos direitos dos Estados Membros;

n) Todos os assuntos relativos a questões provisionais;

o) Toda emenda à presente Carta.

4. As decisões sobre outros temas, inclusive sobre categorias adicionais que deverão ser decididas por consenso, ou, quando o consenso não for possível, por uma maioria de dois terços dos Estados Membros presentes votantes, serão também vinculantes.

Artigo 22

Um Estado Membro das Nações Unidas que esteja em atraso com o pagamento de suas cotas financeiras para os gastos da Organização não terá voto na Assembleia Geral quando a soma devida seja igual ou superior ao total das cotas que lhe compete pagar pelos dois anos anteriores completos. A Assembleia Geral poderá, no entanto, permitir que tal Estado Membro vote se chegar à conclusão de que o atraso ocorreu devido às circunstâncias alheias à vontade desse Estado Membro.

Procedimento

Artigo 23

A Assembleia Geral se reunirá anualmente em sessões ordinárias e, quando as circunstâncias o exijam, em sessões extraordinárias. O Presidente da Assembleia Geral convocará sessões extraordinárias por iniciativa própria, por solicitação do Conselho de Segurança, do Conselho Econômico e Social, do Conselho dos Direitos da Mãe Terra e dos Direitos Humanos, da Corte Internacional de Justiça, do Tribunal de Justiça Climática e Proteção Ambiental, do Secretário Geral; ou de uma maioria dos Estados Membros das Nações Unidas.

Artigo 24

1. A Assembleia Geral adotará suas próprias regras de procedimento.

2. A Assembleia Geral elegerá seu Presidente por uma maioria de dois terços para um período de seis anos. Ao cumprir dois e quatro anos, respectivamente, de seu período, a continuação de seu mandato, se assim o solicita um terço dos Estados Membros, será objeto de um plebiscito revocatório pela Assembleia Geral, que requererá uma maioria de dois terços para diminuir seu período. Se o Presidente é removido de seu cargo, a Assembleia Geral procederá de imediato a eleição de um novo Presidente.

3. O Secretário Geral será eleito pela Assembleia Geral para um período de cinco anos, mediante a recomendação de seu Presidente, mediante consenso ou, quando o consenso não seja possível, mediante votação por maioria de dois terços dos Estados Membros presentes e votantes.

4. A remuneração, o pessoal, a equipe e as instalações, como o espaço do escritório, que se outorguem ao Presidente da Assembleia Geral serão de acordo com sua condição de funcionário de maior status e representatividade na Organização das Nações Unidas.

5. A remuneração, o pessoal, a equipe e o espaço do escritório, que se outorguem ao Secretário Geral serão de acordo com sua condição de funcionário administrativo de maior status das Nações Unidas.

6. a) Em conformidade com o Artigo 2, número 23, concede-se à organização internacional não governamental *A Via Camponesa* o *status* de "observador permanente" da Assembleia Geral das Nações Unidas, a qual poderá exercer o direito de dirigir-se à Assembleia Geral quando outros observadores permanentes assim o façam, ou quando a Assembleia Geral o considere apropriado.

b) Outras organizações não governamentais que mantêm um amplo número de membros espalhados por países e continentes consideradas como genuinamente representativas das vozes populares que têm sido historicamente excluídas ou discriminadas poderão solicitar o status de "observador permanente" por meio de uma solicitação apresentada pela terça parte dos Estados Membros e sua consequente aprovação por maioria simples dos presentes e votantes.

Artigo 25

1. A Assembleia Geral estabelecerá uma Alta Comissão para Salvaguardar a Integridade da Carta. As modalidades de eleição dos Estados Membros da Alta Comissão para Salvaguardar a Carta, assim como a organização e o funcionamento da comissão, serão determinados mediante uma resolução da Assembleia Geral aprovada por uma maioria de dois terços dos Estados Membros presentes e votantes.

2. A Assembleia Geral poderá estabelecer os organismos subsidiários que julgue necessários para o desempenho de suas funções.

Capítulo V
O Conselho de Segurança

Composição

Artigo 26

1. O Conselho de Segurança se comporá de um quadro de vinte e quatro Estados Membros eleitos pela Assembleia Geral.

2. O Conselho de Segurança terá uma representação proporcional de Estados Membros baseada nos cinco grupos regionais das Nações Unidas:

   a) Grupo da África terá direito a seis membros;

   b) Grupo da Ásia terá direito a seis membros;

   c) Grupo da América Latina e Caribe terá direito a quatro membros;

   d) Grupo da Europa Ocidental e outros terão direito a quatro membros;

e) Grupo da Europa Oriental terá direito a quatro membros.

3. Todos os Estados Membros do Conselho de Segurança serão eleitos por um período de dois anos, e a metade deverá ser substituída a cada ano.

Funções e poderes

Artigo 27

O Conselho de Segurança é o principal órgão das Nações Unidas no campo da manutenção da paz e da segurança internacional. Sua autoridade baseia-se em uma delegação de poder pela Assembleia Geral em assuntos relacionados com a manutenção da paz e da segurança internacional. A Assembleia Geral reserva-se o direito de exercê-lo a qualquer momento; concedem-se esses poderes ao Conselho de Segurança com o propósito de acelerar a tomada de decisões e resoluções da Organização em casos graves de rompimento ou ameaça de rompimento da paz que possam afetar a paz e a segurança internacional.

Artigo 28

1. A atividade internacional do Conselho de Segurança é regulada pelas disposições da presente Carta, assim como pelos princípios e normas do Direito Internacional.

2. No desempenho de suas funções, o Conselho de Segurança procederá de acordo com os propósitos

e princípios das Nações Unidas. Os poderes outorgados ao Conselho de Segurança para o desempenho destas funções estão definidos nos Capítulos VI, VII e VIII.

3. O Conselho de Segurança terá a seu cargo a elaboração de planos que se submeterão à Assembleia Geral para o estabelecimento de um sistema de regulação dos armamentos, a eliminação de todas as armas de destruição em massa, incluindo as armas químicas, bacteriológicas e as construídas com urânio enriquecido, para que se consiga um desarmamento nuclear, o mais tardar, no ano 2020.

4. O Conselho de Segurança apresentará à Assembleia Geral relatórios anuais e, além disso, sempre que o julgue necessário, bem como relatórios especiais quando a Assembleia Geral o solicite para sua consideração.

Artigo 29

1. Cada decisão do Conselho de Segurança será objeto de revisão por parte da Alta Comissão para Salvaguardar a Integridade da Carta, por solicitação de um terço dos Estados Membros da Assembleia Geral, ou por um Estado Membro das Nações Unidas cujos interesses podem ser afetados por uma decisão do Conselho de Segurança.

2. A Alta Comissão para Salvaguardar a Integridade da Carta examinará se a decisão sob consideração do Conselho de Segurança é consistente ou não com as disposições da presente Carta, com os princípios e normas do Direito Internacional, e determinará sua legalidade

ou ilegalidade. Se a Alta Comissão determinar que a decisão em questão atenta contra a Carta, a Assembleia Geral tomará medidas imediatas para modificar a decisão, a fim de garantir sua conformidade com a Carta; sem prejuízo de que a Assembleia Geral possa anular a decisão, inclusive em caráter retroativo.

Artigo 30

Os Estados Membros das Nações Unidas concordam em aceitar e cumprir as decisões do Conselho de Segurança em conformidade com esta Carta.

Artigo 31

Em casos de não cumprimento de sentenças das cortes e tribunais internacionais, criados sob os auspícios das Nações Unidas e incluídos nesta Carta, a parte beneficiada pela sentença poderá solicitar ao Conselho de Segurança medidas coercitivas para que sejam cumpridas. Em caso de não ser satisfeita, a parte beneficiada terá o direito de se socorrer da Assembleia Geral, a qual deverá decidir sem delongas as medidas coercitivas que sejam necessárias para conseguir o cumprimento da sentença desacatada.

Votação

Artigo 32

1. Cada Estado Membro do Conselho de Segurança terá um voto.

2. As decisões do Conselho de Segurança serão tomadas pelo voto afirmativo de não menos de dezesseis Estados Membros.

3. Nos casos em que qualquer parte em uma disputa submetida ao conhecimento do Conselho de Segurança seja membro deste órgão, esse Estado Membro não poderá exercer o voto em relação a medidas, resoluções ou recomendações que estejam sob consideração e que se relacionem com a disputa em questão.

Procedimento

Artigo 33

1. O Conselho de Segurança poderá se reunir a qualquer momento. Para tal fim, cada estado Membro desse órgão deverá estar sempre representado na sede da Organização.

2. O Conselho de Segurança celebrará reuniões periódicas, nas quais cada um de seus membros poderá, se desejar, participar por intermédio de um representante especialmente designado.

3. O Conselho de Segurança, quando considerar apropriado, poderá celebrar reuniões em lugares distintos dos da sede da Organização.

Artigo 34

O Conselho de Segurança poderá estabelecer os organismos subsidiários que julgue necessários para o desempenho de suas funções.

Artigo 35

O Conselho de Segurança ditará seu próprio regulamento, o qual estabelecerá o método de eleger seu Presidente.

Artigo 36

Qualquer Estado Membro das Nações Unidas, que não seja membro do Conselho de Segurança, poderá participar, sem direito a voto, da discussão de toda questão levada perante o Conselho de Segurança, quando este, por sua própria iniciativa ou depois de ter escutado as razões de um Estado solicitante, considere que os interesses desse Estado Membro estejam ou possam estar afetados.

Artigo 37

Todo Estado Membro das Nações Unidas, que não seja membro do Conselho de Segurança, ou todo Estado que não seja Estado Membro das Nações Unidas, se for parte em uma disputa submetida à consideração do Conselho de Segurança, terá direito de participar, sem o privilégio do voto, das discussões relativas a essa controvérsia. O Conselho de Segurança poderá, entretanto, estabelecer as condições que considere apropriadas para a participação de um Estado que não seja membro das Nações Unidas.

Miguel d`Escoto Brockmann, M. M.

Capítulo VI
Resolução Pacífica de Controvérsias

Artigo 38

(abolição absoluta da guerra)

1. A ameaça ou o uso da força armada por um Estado contra a soberania, a integridade territorial ou a independência política de qualquer Estado, ou de qualquer outra forma incompatível com os propósitos das Nações Unidas, viola uma norma imperativa inapelável de jus cogens do direito internacional.

2. A força armada somente pode ser usada no exercício do direito imanente de autodefesa.

3. A abolição da guerra em todas as suas formas proíbe a privatização da guerra e a subcontratação externa das Empresas provedoras de serviços Militares e de Segurança Privada (EMSP); a intervenção armada para qualquer propósito, incluindo o chamado "humanitário"; e a aplicação de medidas de pressão econômica e política para dobrar a vontade soberana de outro Estado ou comprometer de alguma maneira sua integridade territorial.

Artigo 39

O uso da força armada em qualquer outra circunstância distinta da prescrita no Artigo 38, Inciso 2, constitui um crime internacional de agressão e uma grave violação do Direito Internacional.

Artigo 40

1. Os Estados têm a obrigação de resolver pacificamente suas controvérsias utilizando todos os meios enumerados na presente Carta.

2. As partes, em qualquer disputa cuja persistência pode colocar em perigo a manutenção da paz e da segurança internacionais, tratarão de buscar a solução, antes de tudo, mediante a negociação, a arbitragem, o acordo judicial, o recurso a organismos ou acordos regionais ou outros meios pacíficos de sua eleição.

3. A Assembleia Geral ou o Conselho de Segurança, quando o julgue necessário, instará as partes a que resolvam suas controvérsias por meios pacíficos específicos.

4. Tal como está estabelecido no Número 3 do Artigo 14, o Presidente da Assembleia Geral estará à disposição dos Estados Membros que desejem utilizar seus bons ofícios para resolver pacificamente suas disputas.

Artigo 41

1. Os Estados Membros estabelecerão garantias mútuas de independência política e integridade territorial.

2. Os Estados Membros adotarão sem demora um tratado mundial para dar força ao princípio da não utilização das forças armadas nas relações internacionais.

Artigo 42

O Conselho de Segurança poderá investigar toda controvérsia ou situação de conflito a fim de determinar se a continuação da disputa ou situação pode colocar em perigo a manutenção da paz e da segurança internacionais.

Artigo 43

1. Todo Estado Membro das Nações Unidas poderá levar qualquer controvérsia ou qualquer situação da natureza expressa no Artigo 42 à atenção do Conselho de Segurança ou da Assembleia Geral.

2. Um Estado que não seja Estado Membro das Nações Unidas poderá levar à atenção do Conselho de Segurança ou da Assembleia Geral toda controvérsia de que faça parte, desde que aceite de antemão, em relação à controvérsia, todas as obrigações de resolução pacífica estabelecidas nesta Carta.

A Reinvenção da ONU | Uma Proposta

3. O procedimento seguido pela Assembleia Geral em relação a assuntos que lhe sejam apresentados de acordo com este Artigo ficará sujeito às disposições dos Artigos 13 e 14.

Artigo 44

1. O Conselho de Segurança ou a Assembleia Geral poderá, em qualquer etapa em que se encontre uma controvérsia, recomendar procedimentos ou métodos apropriados de resolução pacífica.

2. O Conselho de Segurança ou a Assembleia Geral levará em consideração todo procedimento que as partes já tenham adotado para a resolução da disputa.

3. Ao fazer recomendações de acordo com esse artigo, o Conselho de Segurança levará também em consideração que as controvérsias de ordem jurídica deverão, em regra geral, ser submetidas pelas partes às pertinentes instâncias judiciais do sistema das Nações Unidas.

Artigo 45

1. Se as partes em uma controvérsia da natureza definida no Artigo 40 não conseguirem resolvê-la pelos meios indicados naquele artigo, deverão submetê-la ao Conselho de Segurança ou à Assembleia Geral.

2. Se o Conselho de Segurança ou a Assembleia Geral julgar que a persistência da controvérsia é realmente suscetível de colocar em risco a manutenção da paz e da segurança internacional, o Conselho ou a Assembleia poderá proceder em conformidade com o Artigo 44. Poderão, da mesma forma, recomendar os termos do acordo que considere apropriados.

Artigo 46

Sem prejuízo do disposto nos Artigos 40 a 45, o Conselho de Segurança poderá, se assim o solicitar todas as partes envolvidas em uma controvérsia, fazer recomendações com a finalidade de que se chegue a um acordo pacífico.

Capítulo VII
Ação em Caso de Ameaças à Paz, Rompimentos da Paz e Atos de Agressão

Artigo 47

O Conselho de Segurança responderá imediatamente a qualquer ato de agressão contra um Estado Membro. A iniciativa do Conselho, nesses casos, não está sujeita à apresentação de uma denúncia por parte do Estado vítima da agressão.

Artigo 48

O Conselho de Segurança determinará a existência de toda ameaça à paz, rompimento de paz ou ato de agressão e fará as recomendações ou decidirá as medidas que sejam necessárias adotar, conforme os Artigos 50 e 51, para manter ou restabelecer a paz e a segurança internacionais.

Miguel d`Escoto Brockmann, M. M.

Artigo 49

A fim de evitar que a situação se agrave, o Conselho de Segurança, antes de fazer as recomendações ou decidir as medidas consideradas no Artigo 48, poderá instar as partes interessadas a que cumpram as medidas de prevenção que considere necessárias ou aconselháveis. Tais medidas de prevenção não prejudicarão os direitos, as reclamações ou a posição das partes interessadas. O Conselho de Segurança tomará devida nota do não cumprimento de tais medidas de prevenção, a fim de instar a que sejam cumpridas.

Artigo 50

O Conselho de Segurança poderá decidir a aplicação de medidas que não impliquem o uso da força armada para tornar suas decisões efetivas, podendo instar os Estados Membros das Nações Unidas a que apliquem tais medidas sempre e quando não prejudiquem a vida e a saúde da população em geral. Tais medidas poderão compreender a interrupção total ou parcial das relações econômicas e das comunicações por rodovias, ferrovias, vias marítimas, aéreas, postais, telegráficas, radiofônicas e outros meios de comunicação; assim como o rompimento de relações diplomáticas.

Artigo 51

Se o Conselho de Segurança julgar que as medidas consideradas no Artigo 50 poderão ser ou estão se demonstrando inadequadas, terão o direito de decidir tomar ações adicionais que julgue necessárias para assegurar a manutenção da paz e da segurança internacional. Qualquer medida adicional não poderá prejudicar nem colocar em risco a vida e a saúde da população em geral.

Artigo 52

Todos os Estados Membros das Nações Unidas, com a finalidade de contribuir para a manutenção da paz e da segurança internacionais, comprometem-se a colocar à disposição da Organização qualquer assistência que seja requerida pelas Nações Unidas, para assegurar a paz e a segurança, bem como o envio de assistência humanitária para onde seja requerida.

Artigo 53

A Organização das Nações Unidas não poderá usar ou autorizar o uso da força militar.

Artigo 54

A implementação das decisões do Conselho de Segurança, relativas à manutenção da paz e da segurança internacionais, serão exercidas por todos ou por alguns dos Estados Membros das Nações Unidas, segundo o exijam as circunstâncias. Tais ações serão levadas a cabo pelos Estados Membros das Nações Unidas diretamente ou por meio dos organismos internacionais apropriados aos quais pertençam.

Artigo 55

Os Estados Membros das Nações Unidas deverão prestar-se ajuda mútua para levar a cabo as medidas dispostas pelo Conselho de Segurança.

Artigo 56

Se o Conselho de Segurança tomar medidas preventivas ou coercitivas contra um Estado, qualquer outro Estado, sendo ou não Estado Membro ou das Nações Unidas, que enfrentar problemas econômicos especiais, originados por tais medidas, terá o direito de consultar o Conselho de Segurança a respeito da solução desses problemas.

Artigo 57

1. Nenhuma disposição na presente Carta menosprezará o direito imanente da autodefesa, individual ou coletiva (mediante acordos militares internacionais exclusivamente para a defesa coletiva), no caso de surgir um ataque armado contra um Estado Membro das Nações Unidas, enquanto o Conselho de Segurança e/ou a Assembleia Geral não tenham tomado as medidas necessárias para manter a paz e a segurança internacionais.

2. As medidas tomadas pelos Estados Membros, no exercício do direito da autodefesa, serão comunicadas

imediatamente ao Conselho de Segurança através de um comunicado a seu Presidente, e não afetarão, de maneira alguma, a autoridade e responsabilidade do Conselho de Segurança ou da Assembleia Geral para executar as ações que julguem necessárias, com a finalidade de manter ou restabelecer a paz e a segurança internacional.

Artigo 58

Salvo o caso em que um Estado Membro esteja ameaçado por um ataque certo e iminente, que envolva o uso da força, a guerra preventiva é incompatível com o direito imanente da autodefesa.

Artigo 59

O direito imanente da autodefesa só se justifica se o Estado vítima, no exercício desse direito, limita sua resposta à adoção de medidas estritamente proporcionais à força empregada no sentido contrário. Essa resposta pode, também, ser equivalente ao que razoavelmente estima que será efetuado contra si, e, adicionalmente, sempre que seja o estritamente necessário para repelir o uso da força; ou o estritamente necessário para evitar que a ameaça do uso da força seja levada a cabo.

Artigo 60

1. As Nações Unidas não reconhecerão como legítima uma situação criada por um crime de agressão.

2. Nenhum Estado Membro instigará nem será cúmplice ou prestará assistência a um Estado ou outra entidade no cometimento de um crime de agressão.

3. Todos os Estados Membros terão a responsabilidade de colaborar na aplicação efetiva das medidas adotadas pelas Nações Unidas, destinadas à eliminação das consequências ou dos efeitos da agressão.

Artigo 61

1. O uso da força de um Estado contra o outro acarretará responsabilidade do Estado que a perpetrar. A violação da presente Carta, nos termos deste Artigo, dará lugar a reparações adequadas, completas, oportunas, em correspondência ao dano causado contra qualquer Estado ou indivíduos afetados pelo uso da força.

2. Tais reparações deverão incluir ressarcimento pelo cometimento do crime de agressão.

Capítulo VIII
Acordos Regionais

Artigo 62

1. Nenhuma disposição desta Carta se opõe à existência de acordos ou organismos regionais, cuja finalidade seja tratar de assuntos relativos à manutenção da paz e da segurança internacional, e suscetíveis de ação regional, sempre que ditos acordos ou organismos, e suas atividades, sejam compatíveis com os propósitos e princípios das Nações Unidas.

2. Os Estados Membros das Nações Unidas promoverão a criação de organismos regionais fortes, que se empenhem em promover os interesses comuns como o determinam por consenso todos os Estados da região, dentro da norma de promover o maior bem comum.

3. Os Estados Membros das Nações Unidas, que façam parte de ditos acordos ou que constituam ditos organismos, farão todos os esforços possíveis para conseguir o acordo pacífico das controvérsias de caráter local por meio de tais acordos ou organismos regionais, antes de submetê-las ao Conselho de Segurança ou à Assembleia Geral.

4. O Conselho de Segurança promoverá o acordo pacífico das controvérsias de caráter regional, por meio de tais acordos ou organismos regionais, procedendo a partir das iniciativas dos Estados interessados. O Conselho de Segurança poderá também referir as disputas regionais a acordos ou organismos da região.

5. Será fomentada a criação de organizações regionais para propósitos outros que a manutenção da paz e da segurança internacional, em particular para o desenvolvimento da cooperação regional nas esferas econômicas e sociais. Tais organizações não incluirão alianças militares ou mecanismos de defesa armada.

6. Este Artigo não afeta, de maneira alguma, a aplicação dos Artigos 42 e 43.

Artigo 63

1. O estabelecimento de alianças militares será limitado exclusivamente à autodefesa coletiva contra uma agressão armada.

2. As bases militares estrangeiras são totalmente proibidas em qualquer dos Estados Membros.

3. O estabelecimento, a manutenção e a expansão de bases militares estrangeiras ou o estabelecimento de mísseis nucleares viola as disposições desta Carta no que diz respeito à interdição do uso da força ou da ameaça nas relações internacionais.

4. A mescla de cooperação econômica e social com funções de segurança e de defesa será expressamente proibida e será considerada como intenção dissimulada para proteger e estender o modelo econômico e político de um Estado sobre outro, pois, viola as normas fundamentais de coexistência pacífica e de respeito por soberania, integridade territorial e independência política dos Estados.

5. Qualquer tratado internacional, organização ou aliança, que sistematicamente viola as obrigações descritas nos quatro parágrafos anteriores, não cumpre com os requisitos de um acordo internacional legítimo para a autodefesa coletiva, e constitui, de fato, uma grave ameaça à paz e à segurança internacional.

6. Tais instrumentos, diametralmente opostos aos fins pacíficos das Nações Unidas, também constituem uma ameaça grave para a ONU, e, portanto, os Estados Membros procurarão colocar esses instrumentos em concordância com o Direito Internacional e com a presente Carta.

7. Os tratados militares e organizações, que persistem sistematicamente em operar fora do estado de direito e da presente Carta, serão declarados "organizações fora da lei" pela Assembleia Geral das Nações Unidas, com todas as consequências legais que isso acarrete para os Estados Membros que recusem separar-se de tais organizações ou alianças ilegais, que atentam contra a paz e a segurança internacionais, como está estabelecido no Artigo 2, Número 23, desta Carta.

Artigo 64

O Conselho de Segurança sempre deverá ser devidamente informado das atividades empreendidas ou projetadas, em conformidade com os acordos regionais, ou com organismos regionais dedicados à manutenção da paz e da segurança internacionais.

Capítulo IX
Cooperação Internacional Econômica e Social

Artigo 65

Com o propósito de criar as condições de estabilidade e bem-estar necessárias para as relações pacíficas e amistosas entre as nações, baseadas no respeito ao princípio da igualdade de direitos e ao da livre determinação dos povos, as Nações Unidas promoverão:

a) Melhor qualidade de vida e trabalho permanente para todos, com condições de segurança e estabilidade econômica e social, tendo presente que o objetivo não será viver melhor, senão viver bem com um desenvolvimento sustentável e em harmonia com o bem comum da Mãe Terra e da Humanidade.

b) A solução de problemas internacionais de caráter econômico, social e sanitário, e de outros problemas conexos; e a cooperação internacional na ordem cultural e educacional.

c) O respeito universal dos direitos da Mãe Terra, dos Direitos Humanos e das liberdades fundamentais de todos, sem distinção de raça, sexo, idioma ou religião.

d) A administração adequada de nossos bens comuns mundiais e a preservação do meio ambiente, a fim de salvar o Planeta e resguardá-lo para as gerações futuras.

Artigo 66

Todos os Estados Membros comprometem-se a tomar medidas, conjunta ou separadamente, em cooperação com a Organização, para a realização dos propósitos consignados no Artigo 65.

Artigo 67

1. Os organismos especializados, estabelecidos por acordos internacionais e que tenham amplas atribuições internacionais definidas em seus instrumentos básicos, relativas a matérias de caráter econômico, social, cultural, educacional, sanitário, ambiental, ecológico e outras conexas, estarão vinculados à Organização, em conformidade com o disposto nos Artigos 74 e 86.

2. Tais organismos especializados, assim vinculados à Organização, serão denominados daqui em diante "organismos ou agências especializadas".

A Reinvenção da ONU | Uma Proposta

3. A Assembleia Geral poderá estabelecer acordos para que representantes das agências especializadas participem, sem direito a voto, de suas deliberações.

4. A Assembleia Geral fará os acordos para que seus representantes participem das deliberações dos organismos ou agências especializados.

Artigo 68

1. A Organização fará recomendações com o objetivo de coordenar as políticas e atividades dos organismos especializados.

2. A Assembleia Geral poderá entrar em acordos com qualquer dos organismos mencionados no Artigo 67.

3. A Assembleia Geral definirá os termos sobre os quais estes estarão vinculados com as Nações Unidas.

Artigo 69

A Organização fará recomendações aos organismos especializados, inclusive para a coordenação de suas políticas e atividades.

Miguel d`Escoto Brockmann, M. M.

Artigo 70

A Organização iniciará, quando tiver lugar, negociação entre os Estados Membros interessados, para criar os novos organismos especializados que sejam necessários para a realização dos propósitos enunciados no Artigo 67.

Artigo 71

A responsabilidade pelo desempenho das funções da Organização, assinaladas neste capítulo, corresponderá à Assembleia Geral e, sob a autoridade desta, ao Conselho Econômico e Social.

Capítulo X
O Conselho Econômico e Social

Composição

Artigo 72

1. O Conselho Econômico e Social (ECOSOC) será formado por 54 Estados Membros das Nações Unidas.

2. Os 54 Estados Membros serão eleitos pela Assembleia Geral.

3. Dezoito membros do Conselho Econômico e Social serão eleitos, a cada ano, para um período de três anos. Os demais membros serão reeleitos para o período seguinte.

4. Cada Estado Membro do Conselho Econômico e Social terá um representante.

Funções e poderes

Artigo 73

1. O Conselho Econômico e Social é o principal corpo das Nações Unidas no campo do desenvolvimento econômico e social. Sua autoridade, delegada pela Assembleia Geral, poderá ser exercida pela Assembleia Geral em qualquer momento.

2. O Conselho Econômico e Social poderá fazer ou iniciar estudos e relatórios que estejam ligados a assuntos internacionais de caráter econômico, social, ecológico, cultural, educacional e sanitário, e a outros assuntos conexos, podendo fazer recomendações sobre tais assuntos à Assembleia Geral, aos Estados Membros das Nações Unidas e aos organismos especializados interessados.

3. O Conselho Econômico e Social poderá fazer recomendações no campo do desenvolvimento social e econômico, com o objetivo de promover o respeito e a observância dos direitos da Mãe Terra, dos Direitos Humanos e das liberdades fundamentais de todos.

4. O Conselho Econômico e Social poderá formular projetos de convenção em relação a questões de sua competência, para submetê-los à Assembleia Geral.

5. O Conselho Econômico e Social poderá convocar, em conformidade com as normas prescritas pelas Nações Unidas, conferências internacionais sobre assuntos de sua competência.

Artigo 74

1. O Conselho Econômico e Social poderá realizar acordos com qualquer dos organismos especializados, sobre aspectos considerados no Artigo 67, que estabeleçam as condições sob as quais tais organismos terão de vincular-se com as Nações Unidas. Tais acordos estarão sujeitos à aprovação da Assembleia Geral.

2. O Conselho Econômico e Social poderá coordenar as atividades dos organismos especializados mediante consultas a eles e fazendo-lhes recomendações, como também mediante recomendações à Assembleia Geral e aos Estados Membros das Nações Unidas.

Artigo 75

1. O Conselho Econômico e Social tomará as medidas adequadas para obter relatórios periódicos dos organismos especializados.

2. O Conselho Econômico e Social poderá fazer acertos com os Estados Membros das Nações Unidas e com os organismos especializados para obter relatórios a respeito das medidas tomadas para tornar efetivas suas próprias recomendações, e as recomendações da Assembleia Geral, nas temáticas delegadas pela Assembleia ao Conselho Econômico e Social.

3. O Conselho Econômico e Social comunicará à Assembleia Geral suas observações sobre tais relatórios.

Artigo 76

O Conselho Econômico e Social poderá subministrar informação ao Conselho de Segurança e deverá assisti-lo, quando este assim o solicitar.

Artigo 77

1. O Conselho Econômico e Social desempenhará as funções que sejam necessárias para o cumprimento das recomendações da Assembleia Geral.

2. O Conselho Econômico e Social poderá prestar, com aprovação da Assembleia Geral, os serviços que lhe solicitem os Estados Membros das Nações Unidas e os organismos especializados.

3. O Conselho Econômico e Social desempenhará as demais funções prescritas em outras partes desta Carta, ou que lhe determine a Assembleia Geral.

Votação

Artigo 78

1. Cada Estado Membro do Conselho Econômico e Social terá um voto.

2. As decisões do Conselho Econômico e Social serão tomadas pela maioria dos membros presentes e votantes.

Procedimento

Artigo 79

1. O Conselho Econômico e Social estabelecerá as comissões necessárias para o desempenho de suas funções.

2. O Conselho Econômico e Social poderá fazer os acertos necessários para formar comitês de especialistas de alto nível que o assessorem e forneçam recomendações em assuntos de sua competência.

3. O Conselho Econômico e Social decidirá o número de comitês e temas de trabalho que julgue conveniente, mas deverá integrar ao menos um comitê de alto nível que o assessore, de forma regular e extraordinária, para cada um dos seguintes temas:

a) Assuntos financeiros e econômicos,
b) Assuntos de tributação,
c) Políticas de desenvolvimento,
d) Administração pública e
e) Questões indígenas.

4. Os membros dos comitês de especialistas atuarão a título pessoal e serão eleitos aplicando critérios geográficos e outros, de acordo com os procedimentos aprovados pelo Conselho Econômico e Social para tais efeitos.

5. Os comitês de especialistas poderão estabelecer mecanismos de consulta e avaliação regionais sistemáticas com as Comissões Econômicas das Nações Unidas de cada região, e com as autoridades econômicas de cada Estado Membro.

Artigo 80

O Conselho Econômico e Social convidará qualquer Estado Membro das Nações Unidas para participar, sem direito a voto, de suas deliberações sobre qualquer assunto de particular interesse para esse Estado Membro.

Artigo 81

1. O Conselho Econômico poderá fazer acertos para que representantes dos organismos especializados participem de suas deliberações e das deliberações das comissões que estabeleça.

A Reinvenção da ONU | Uma Proposta

2. O Conselho fará acertos para que seus próprios representantes participem das deliberações daqueles organismos que tratem de assuntos dentro de sua competência.

Artigo 82

O Conselho Econômico e Social poderá fazer acertos adequados para realizar consultas com organizações não governamentais que se ocupem de assuntos da competência do Conselho. Esses acertos poderão ser feitos com organizações internacionais e, se para isso houver lugar, com organizações nacionais, sob prévia consulta ao respectivo Estado Membro das Nações Unidas.

Artigo 83

1. O Conselho Econômico e Social ditará seu próprio regulamento, que estabelecerá o método de eleger seu Presidente.

2. O Conselho Econômico e Social se reunirá quando for necessário, de acordo com seu regulamento, o qual incluirá disposições para a convocação para sessões quando solicitar uma maioria de seus Estados Membros.

Capítulo XI
O Conselho dos Direitos da Mãe Terra e dos Direitos Humanos

Artigo 84

1. O Conselho dos Direitos da Mãe Terra e dos Direitos Humanos será formado por 48 Estados Membros das Nações Unidas eleitos pela Assembleia Geral.

2. Cada ano, 12 membros do Conselho dos Direitos da Mãe Terra e dos Direitos Humanos serão eleitos para um mandato de quatro anos. Os demais Estados Membros poderão optar pela reeleição direta.

3. Cada Estado Membro do Conselho dos Direitos da Mãe Terra e dos Direitos Humanos terá um representante.

Funções e Poderes

Artigo 85

1. O Conselho dos Direitos da Mãe Terra e dos Direitos Humanos é o órgão principal das Nações Unidas nesse

campo. Sua autoridade, delegada pela Assembleia Geral, poderá ser exercida pela citada Assembleia em qualquer momento.

2. O trabalho do Conselho dos Direitos da Mãe Terra e dos Direitos Humanos será guiado pelos princípios de universalidade, imparcialidade, objetividade e não seletividade, diálogo internacional construtivo e cooperação, com a finalidade de melhorar a promoção e proteção de todos os Direitos Humanos, Civis, Políticos, Econômicos, Sociais e Culturais, inclusive o Direito ao Desenvolvimento, sempre e quando este esteja em harmonia com o Bem Comum da Mãe Terra e da Humanidade.

3. O Conselho terá a responsabilidade de promover o respeito universal dos direitos da Mãe Terra, dos Direitos Humanos e das liberdades fundamentais de todos, sem distinção de nenhum tipo e de uma maneira justa e equilibrada.

4. O Conselho poderá fazer recomendações com o propósito de fomentar o respeito por e através da plena realização dos direitos da Mãe Terra e de todos os Direitos Humanos.

5. O Conselho poderá fazer ou iniciar estudos e pesquisas com respeito aos direitos da Mãe Terra e aos Direitos Humanos, internacionalmente reconhecidos. Poderá, igualmente, fazer recomendações sobre tais assuntos à Assembleia Geral, aos Estados Membros das Nações Unidas, e aos organismos especializados correspondentes.

6. O Conselho fará um exame periódico universal baseado em informação objetiva e fidedigna, sobre

o cumprimento, tanto em sua política democrática como internacional, por cada Estado Membro, de suas obrigações e compromissos em relação aos direitos da Mãe Terra e aos Direitos Humanos, de maneira que garanta a universalidade do exame e a igualdade de tratamento, em relação a todos os Estados; a revisão será um elemento de colaboração, baseado em um diálogo interativo, com a plena participação do país em questão, e levando em consideração suas necessidades de criar capacidade instalada; esse mecanismo complementará e não duplicará o trabalho das instalações criadas por tratados internacionais.

7. O Conselho poderá formular projetos de convenção em relação a questões de sua competência para submetê-los à Assembleia Geral.

8. O Conselho poderá convocar, conforme as regras prescritas pelas Nações Unidas, conferências internacionais sobre assuntos de sua competência.

Artigo 86

1. O Conselho dos Direitos da Mãe Terra e dos Direitos Humanos poderá realizar, com qualquer dos organismos especializados mencionados no Artigo 67, acordos por meio dos quais se estabeleçam as condições nas quais esses organismos deverão vincular-se com as Nações Unidas. Esses acordos estarão sujeitos à aprovação da Assembleia Geral.

2. O Conselho poderá coordenar as atividades dos organismos especializados mediante consultas a eles e fazendo-lhes recomendações, como também mediante recomendações à Assembleia Geral e aos Estados Membros das Nações Unidas.

Artigo 87

1. O Conselho dos Diretos da Mãe Terra e dos Direitos Humanos tomará as medidas apropriadas para obter relatórios periódicos dos organismos especializados. Poderá também fazer acordos com os Estados Membros das Nações Unidas e com os organismos especializados a fim de obter relatórios a respeito das medidas tomadas para tornar efetivas suas próprias recomendações e as recomendações feitas pela Assembleia Geral em relação a matérias da competência do Conselho.

2. O Conselho comunicará à Assembleia Geral suas observações sobre tais informes.

Artigo 88

O Conselho dos Direitos da Mãe Terra e dos Direitos Humanos poderá fornecer informação ao Conselho de Segurança e deverá prestar-lhe a ajuda que este lhe solicite.

Artigo 89

1. O Conselho dos Direitos da Mãe Terra e dos Direitos Humanos desempenhará as funções atinentes à sua competência em relação ao cumprimento das recomendações da Assembleia Geral.

2. O Conselho poderá fazer acordos com os Estados Membros das Nações Unidas e com os organismos especializados para obter relatórios atinentes às medidas tomadas para tornar efetivas suas próprias recomendações e as recomendações da Assembleia Geral, nas temáticas delegadas pela Assembleia ao Conselho dos Direitos da Mãe Terra e dos Direitos Humanos.

3. O Conselho poderá prestar, com a aprovação da Assembleia Geral, os serviços que lhe solicitem os Estados Membros das Nações Unidas e os organismos especializados.

4. O Conselho desempenhará as demais funções prescritas em outras partes desta Carta, ou que lhe designar a Assembleia Geral.

Votação

Artigo 90

1. Cada Estado Membro do Conselho dos Direitos da Mãe Terra e dos Direitos Humanos terá um voto.

2. As decisões do Conselho serão adotadas por consenso. Caso isso não seja possível, as decisões serão tomadas pela maioria simples dos Estados Membros presentes e votantes.

Procedimento

Artigo 91

O Conselho dos Direitos da Mãe Terra e dos Direitos Humanos poderá estabelecer órgãos subsidiários para a promoção dos direitos da Mãe Terra e dos Direitos Humanos, assim como outras comissões que sejam necessárias para o exercício de suas funções.

Artigo 92

O Conselho dos Direitos da Mãe Terra e dos Direitos Humanos convidará qualquer dos Estados Membros das Nações Unidas para participar, sem direito a voto, de suas deliberações sobre qualquer assunto de particular interesse para tal Estado Membro.

Artigo 93

O Conselho dos Direitos da Mãe Terra e dos Direitos Humanos poderá fazer acordos para que dele participem os representantes dos organismos especializados, sem direito a voto, em suas deliberações e nas deliberações das comissões que estabeleça, e para que seus próprios representantes participem das deliberações daqueles organismos.

Artigo 94

O Conselho dos Direitos da Mãe Terra e dos Direitos Humanos velará pelos mecanismos de consulta com as organizações não governamentais que se ocupem dos assuntos da competência do Conselho. Poderão celebrar tais acordos com organizações internacionais e, se para tanto houver lugar, com organizações nacionais, sob prévia consulta ao respectivo Estado Membro das Nações Unidas.

Artigo 95

1. O Conselho dos Direitos da Mãe Terra e dos Direitos Humanos adotará seu próprio regulamento interno, que estabelecerá o método de eleger seu Presidente.

2. O Conselho dos Direitos da Mãe Terra e dos Direitos Humanos se reunirá quando for necessário, de acordo com seu regulamento, o qual incluirá disposições para a convocação para sessões especiais, quando o solicite uma maioria de seus Estados Membros.

Capítulo XII
A Corte Internacional de Justiça

Composição

Artigo 96

1. A Corte Internacional de Justiça está estabelecida como um dos principais órgãos judiciais das Nações Unidas.

2. A Corte Internacional de Justiça é formada por 15 magistrados que foram eleitos pela Assembleia Geral e são procedentes das cinco principais regiões geográficas das Nações Unidas, sendo eles considerados como juristas experientes e de prestígio em seus países e reconhecidos também como especialistas em Direito Internacional. Não poderá haver dois magistrados originários do mesmo Estado Membro.

3. Outras qualidades para magistrados da Corte Internacional de Justiça serão decididas pela Assembleia Geral.

4. Não haverá, nem de *jure* nem *de fato*, Estados Membros permanentes da Corte Internacional de Justiça. Entretanto, nada impede que a Assembleia Geral reeleja quantas vezes quiser um magistrado que tenha

demonstrado sua fidelidade aos princípios da Carta e à causa da paz e da segurança internacionais.

Funções e poderes

Artigo 97

1. A Corte Internacional de Justiça será um dos principais órgãos judiciais das Nações Unidas, e funcionará conforme seu Estatuto anexo, que está baseado no da Corte Permanente de Justiça Internacional, o qual é parte integrante desta Carta.

2. As decisões da Corte Internacional de Justiça são finais.

3. Nenhum cidadão de qualquer Estado Membro que tenha descumprido as obrigações impostas por uma decisão da Corte Internacional de Justiça ou do Tribunal Internacional de Justiça Climática e Proteção Ambiental (TIJCPA), será elegível para postular candidatura a magistrado da Corte, até que tal Estado Membro tenha cumprido com todas as sentenças de ambas as Cortes.

Artigo 98

1. Todos os Estados Membros das Nações Unidas fazem *ipso facto* parte do Estatuto da Corte Internacional de Justiça.

2. Um Estado que não seja Estado Membro das Nações Unidas poderá chegar a fazer parte do Estatuto da Corte Internacional de Justiça, de acordo com as condições que determine, em cada caso, a Assembleia Geral.

3. A CIJ poderá tomar conhecimento de todo ato de agressão ou crime contra a Humanidade, de guerra, genocídio etc., levados a ela por qualquer Estado Membro das Nações Unidas, faça este ou não, parte do Tratado de jurisdição obrigatória.

4. Todo Estado deve ter bem presente que não se logra a impunidade retirando-se da ONU. A CIJ poderá tomar conhecimento de crimes perpetrados até por Estados não Membros da ONU e julgá-los in *absentia*, no caso deles recusarem a se apresentar.

Artigo 99

1. Cada Estado Membro das Nações Unidas deverá cumprir as decisões da Corte Internacional de Justiça em todo litígio de que seja parte.

2. Se uma das partes em litígio não cumprir as obrigações impostas por uma decisão da Corte, a outra parte poderá recorrer ao Conselho de Segurança para que faça as recomendações que julgue convenientes, ou aplique, de imediato, as medidas necessárias para fazer que cumpra as decisões da Corte. Em caso de não ter sucesso, a parte interessada terá o direito de recorrer à Assembleia Geral, que deverá resolver o problema de forma rápida, com efetivas medidas coercitivas.

As partes afetadas pela decisão não terão voto nas sessões do Conselho de Segurança ou da Assembleia Geral para considerar as medidas coercitivas que deverão ser tomadas a fim de tratar de seu não cumprimento.

3. As sentenças da Corte Internacional de Justiça (CIJ) são de imediato e obrigatório cumprimento, inapeláveis e imprescritíveis. Por isso, qualquer Estado Membro que não cumprir com uma sentença deste órgão judicial da ONU, que acarrete obrigação de reparações monetárias por danos causados por suas agressões, e/ou outras violações do Direito Internacional, expõe-se, inevitavelmente, a ter que assumir um incremento em sua obrigação financeira, como resultado de lucro cessante e juros compostos, durante todo o lapso do desacato.

Artigo 100

Nenhuma das disposições desta Carta impedirá os Estados Membros das Nações Unidas de encomendar a solução de suas diferenças a outros tribunais, em virtude de acordos já existentes ou que possam ser celebrados no futuro.

Artigo 101

1. A Assembleia Geral ou o Conselho de Segurança poderá solicitar à Corte Internacional de Justiça a emissão dea uma opinião consultiva sobre qualquer questão jurídica.

2. Os outros órgãos das Nações Unidas e os organismos especializados, que em qualquer momento sejam autorizados a isso pela Assembleia Geral, poderão igualmente solicitar à Corte opiniões consultivas sobre questões jurídicas que surjam dentro da esfera de suas atividades.

3. As organizações não governamentais, que em qualquer momento sejam autorizadas a isso pela Assembleia Geral, poderão solicitar à Corte opiniões consultivas sobre questões jurídicas de importância internacional que surjam da aplicação e interpretação da presente Carta, e que sejam atinentes às atividades da organização não governamental.

Miguel d`Escoto Brockmann, M. M.

Capítulo XIII
O Tribunal Internacional de Justiça Climática e Proteção Ambiental

Artigo 102

1. O Tribunal Internacional de Justiça Climática e Proteção Ambiental (TIJCPA) – daqui em diante, o Tribunal – será o órgão judicial das Nações Unidas com jurisdição para conhecer e resolver os casos que tratem de atos acometidos contra a Mãe Terra e a Humanidade. Funcionará em conformidade com seu Estatuto, anexo, o qual é parte integrante desta Carta.

2. O Tribunal será formado por onze magistrados, eleitos pela Assembleia Geral, procedentes das cinco principais regiões geográficas das Nações Unidas e que sejam considerados climatólogos ou ambientalistas de experiência e prestígio em seus respectivos países, além de serem especialistas em Direito Internacional.

3. As decisões do Tribunal serão definitivas.

4. Qualquer Estado Membro que tenha descumprido com as obrigações que – conforme o prescrito no Artigo 104-1 desta Carta – lhe seja imposta por uma deci-

A Reinvenção da ONU | Uma Proposta

são da Corte Internacional de Justiça ou do Tribunal, não poderá pleitear a candidatura a Juiz deste Tribunal, enquanto o Estado Membro não tenha cumprido com a decisão.

Artigo 103

1. Todos os Estados Membros das Nações Unidas *ipso facto* fazem parte do Estatuto do Tribunal.

2. Um Estado que não seja Estado Membro das Nações Unidas poderá fazer parte do Estatuto do Tribunal, de acordo com as condições que a Assembleia Geral determine em cada caso.

3. Os Estados que não fazem parte da presente Carta não poderão abdicar de seus deveres de proteger o meio ambiente e, em caso de transgredir esses deveres, incorrerão em responsabilidade internacional, em conformidade com as normas do Direito Internacional.

Artigo 104

1. Todo Estado Membro das Nações Unidas deverá cumprir as decisões ditadas pelo Tribunal em qualquer litígio do qual seja parte.

2. A parte em um litígio que não cumpra com a obrigação emanada do compromisso prescrito no parágrafo precedente, poderá, a instância da parte beneficiada

pela decisão ou sentença do Tribunal, ser objeto de recomendações ou sanções segundo o caso.

3. As sentenças do Tribunal são de imediato e obrigatório cumprimento, inapeláveis e imprescritíveis. Por isso, qualquer Estado que não cumprir uma sentença emitida por este órgão judicial da ONU, que acarrete uma obrigação de reparações monetárias por danos causados por suas agressões e/ou outras violações do Direito Internacional, expõe-se, inevitavelmente, terá que assumir um incremento em sua obrigação financeira como resultado de lucro cessante e juros compostos durante todo o lapso do desacato.

Artigo 105

1. Em caso de descumprimento das sentenças do Tribunal, a parte beneficiada poderá recorrer ao Conselho de Segurança para que este aplique as medidas que sejam necessárias para fazer cumprir a sentença. Em caso de não lograr sucesso, a parte beneficiada terá o direito de recorrer à Assembleia Geral, que, sem delongas, deverá proceder à ação ou ações coercitivas necessárias para conseguir que a sentença seja acatada.

2. Durante a fase de execução da sentença, a parte litigiosa que foi condenada pelo Tribunal não poderá, por motivos de implicância, deliberar, decidir nem votar sobre as medidas ditadas pelo Conselho de Segurança ou pela Assembleia Geral, para compelir ao acatamento da sentença do Tribunal.

Artigo 106

1. O Tribunal cooperará com as demais entidades judiciais do sistema das Nações Unidas na medida em que isso facilite os fins para os quais o Tribunal foi criado.

2. O Tribunal poderá considerar as decisões e opiniões de qualquer outro corpo judicial, mas não será obrigado a aplicá-las aos assuntos relativos à sua jurisdição especializada.

3. Nenhum caso será conhecido nem decidido pelo Tribunal se este já tenha sido submetido ou está sob a consideração da Corte Internacional de Justiça.

Artigo 107

1. A Assembleia Geral poderá solicitar ao Tribunal opiniões consultivas sobre qualquer questão pertinente que incida, direta ou indiretamente, sobre o âmbito de sua competência.

2. Da mesma forma, os organismos especializados das Nações Unidas poderão, sob prévia autorização da Assembleia Geral, solicitar ao Tribunal opiniões consultivas sobre questões referentes ao âmbito de suas competências especializadas.

3. As Organizações Não Governamentais (ONG) poderão igualmente, sob prévia autorização da Assembleia

Geral, solicitar ao Tribunal opiniões consultivas sobre questões de importância internacional, ou que surjam na esfera das atividades a que se dedicam.

Capítulo XIV
A Secretaria

Artigo 108

A Secretaria se comporá de um Secretário Geral e do pessoal requerido pela Organização. O Secretário Geral será eleito pelos Estados Membros no seio da Assembleia Geral, em conformidade com as disposições do Artigo 21 da presente Carta.

Artigo 109

1. O Secretário Geral será o mais alto funcionário administrativo da Organização e funcionará como o assistente executivo principal do Presidente da Assembleia Geral, atuando sob sua orientação, em todos os assuntos.

2. O Secretário Geral da Organização será eleito pela Assembleia Geral, por um período de cinco anos, mediante a recomendação de seu Presidente, por consenso, ou, quando este não seja possível, por uma maioria de dois terços dos Estados Membros, presentes e votantes.

Artigo 110

1. O Secretário Geral trabalhará como o mais alto funcionário administrativo em todas as sessões da Assembleia Geral, do Conselho de Segurança, do Conselho Econômico e Social e do Conselho dos Direitos da Mãe Terra e dos Direitos Humanos, e desempenhará as demais funções que lhe ditem estes órgãos.

2. O Secretário Geral apresentará à Assembleia Geral, para sua consideração, relatórios anuais sobre as atividades da Organização e, quando for necessário, relatórios especiais.

Artigo 111

1. No cumprimento de seus deveres, o Secretário Geral e o pessoal da Secretaria não solicitarão nem receberão instruções de nenhum governo nem de nenhuma autoridade alheia à Organização, e se absterão de trabalhar de qualquer forma que seja incompatível com sua condição de funcionários internacionais, responsáveis unicamente diante da Organização. O desacato desta norma por parte do Secretário Geral, além de constituir uma traição às Nações Unidas e a todos os povos ali representados, poderá, se a Assembleia assim decidir, levar a uma interpelação e dispensa imediata do Secretário Geral, sem qualquer das considerações e benefícios normais devidos a quem cumpriu corretamente com suas obrigações.

A Reinvenção da ONU | Uma Proposta

2. A forma de eleição da pessoa que terminará o mandato do Secretário Geral, no caso de este ser despedido, será decidida pela Assembleia Geral. Nesse ínterim, o subsecretário geral exercerá as funções do Secretário Geral.

3. Cada um dos Estados Membros das Nações Unidas compromete-se a respeitar o caráter exclusivamente internacional das funções do Secretário Geral e do pessoal da Secretaria, e a cuidar de não influir sobre eles e muito menos de pressioná-los, chantageá-los ou suborná-los no desempenho de suas funções. O desacato a esta norma será considerado como uma falta grave do Estado Membro e acarretará as consequências decididas pela Assembleia Geral, em uma reunião especial para tratar do assunto.

Artigo 112

1. O pessoal da Secretaria será nomeado pelo Secretário Geral, com a aprovação do Presidente da Assembleia Geral, e de acordo com as normas estabelecidas pela Assembleia.

2. Será permanentemente designado pessoal capacitado para o escritório do Presidente da Assembleia Geral, para o Conselho Econômico e Social, para o Conselho dos Direitos da Mãe Terra e dos Direitos Humanos, para a Corte Internacional de Justiça, para o Tribunal Internacional de Justiça Climática e de Proteção Ambiental, para o Conselho de Segurança e, conforme

seja requerido, para outros corpos das Nações Unidas. Este pessoal fará parte da Secretaria.

3. A consideração primordial que se levará em conta ao nomear o pessoal da Secretaria e ao determinar as condições de serviço será a necessidade de assegurar o mais alto grau de eficiência, competência e integridade. Será dada devida consideração à importância de contratar o pessoal de tal maneira que haja a mais ampla representação geográfica possível.

4. Qualquer ataque armado contra o pessoal das Nações Unidas comprometido no exercício de suas funções oficiais será considerado um crime internacional.

Capítulo XV
Disposições Várias

Artigo 113

1. Todo tratado e todo acordo internacional, concertados por qualquer dos Estados membros das Nações Unidas, depois de entrar em vigor esta Carta, serão registrados na Secretaria Geral e por ela publicados com a maior brevidade possível.

2. Nenhuma das partes, em um tratado ou acordo internacional, que não tenha sido registrado conforme as disposições do parágrafo 1 deste Artigo, poderá invocar tal tratado ou acordo diante de órgão algum das Nações Unidas.

Artigo 114

Em caso de conflito entre as obrigações contraídas pelos Estados Membros das Nações Unidas, em virtude da presente Carta, e suas obrigações contraídas em virtude de qualquer outro convênio internacional, prevalecerão as obrigações impostas pela presente Carta.

Artigo 115

A Organização gozará, no território de qualquer de seus Estados Membros, da capacidade jurídica que seja necessária para realizar o exercício de suas funções e de seus propósitos.

Artigo 116

1. A Organização gozará, no território de cada um de seus Estados Membros, dos privilégios e imunidades necessários para a realização de seus propósitos.

2. Os representantes dos Estados Membros das Nações Unidas e funcionários da Organização gozarão, igualmente, dos privilégios e imunidades necessários para o desempenho de suas funções, em relação à Organização.

3. A Assembleia Geral poderá fazer recomendações com o objetivo de determinar os pormenores da aplicação dos Parágrafos 1 e 2 deste artigo, ou propor convenções aos Estados Membros das Nações Unidas, com o mesmo objetivo.

Capitulo XVI
Revisão Da Carta

Artigo 117

1. Passados dois anos da entrada em vigor da presente Carta, o Presidente da Assembleia Geral das Nações Unidas convocará uma conferência de revisão da Carta da Organização das Nações Unidas, para examinar as emendas à Carta que possam ser consideradas necessárias ou convenientes. A Conferência será aberta a todos os Estados Membros da Assembleia Geral, que dela participarão em iguais condições.

2. Posteriormente, em qualquer momento, a pedido de dois terços dos Estados Membros, o Presidente da Assembleia Geral convocará uma conferência extraordinária de revisão da Carta.

3. Conferências ordinárias de revisão da Carta da Organização das Nações Unidas serão realizadas a cada vinte anos, depois da primeira que, em conformidade com o Número 1 deste artigo, será convocada dois anos depois da entrada em vigor da presente Carta.

Miguel d'Escoto Brockmann, M. M.

4. As disposições dos Parágrafos 2 e 3 do Artigo 21 serão aplicáveis à aprovação e entrada em vigor de toda emenda à Carta, examinada em uma conferência de revisão.

5. O Presidente da Assembleia Geral solicitará ao Secretário Geral das Nações Unidas que faça circularem em todos os Estados Membros as emendas aprovadas pela Assembleia Geral em uma conferência das Nações Unidas de revisão da Carta.

Artigo 118

As reformas da presente Carta entrarão em vigor para todos os Estados Membros das Nações Unidas quando, por votação, tenham sido aprovadas por consenso, ou, na falta deste, por uma maioria de dois terços da Assembleia Geral, e ratificadas, em conformidade com seus respectivos procedimentos constitucionais, pelas duas terças partes dos Estados Membros das Nações Unidas.

Capítulo XVII
Ratificação e Assinatura

Artigo 119

Não se admitirão reservas à presente Carta.

Artigo 120

1. Uma vez aprovada por dois terços da Assembleia Geral, a presente Carta com seu capítulo XVIII, transitório, será ratificada pelos Estados Membros, em conformidade com os respectivos processos constitucionais.

2. As ratificações serão entregues para seu depósito ao Presidente da Assembleia Geral, que notificará ao Secretário Geral para que ele, por sua vez, o notifique a todos os Estados Membros.

3. A presente Carta entrará em vigor após o depósito das ratificações da maioria simples dos Estados Membros.

4. Os Estados signatários desta Carta, que a ratifiquem depois de que tenha entrado em vigor, adquirirão

a qualidade de Estados Membros originários das Nações Unidas na data do depósito de suas respectivas ratificações.

Artigo 121

A presente Carta, cujos textos em árabe, chinês, espanhol, francês, hindu, inglês, português, russo e swahili são igualmente autênticos, será depositada nos arquivos da Presidência da Assembleia Geral das Nações Unidas. O Presidente da Assembleia Geral enviará cópias devidamente certificadas aos governos dos Estados Membros.

Capítulo XVIII
(Dispoasições Transitórias)

1. A Sede da Organização das Nações Unidas será mudada não mais de dez anos depois de ter entrado em vigor a presente Carta.

2. Os Estados Membros consultarão o Governo da República Unida da Tanzânia sobre a possibilidade de mudar a seda da Organização para Dar es Salaam. Recomenda-se esta opção como uma forma prática de fazer um merecido reconhecimento à África e a Julius Nyerere, herói mundial da Justiça Social e um dos estadistas mais identificados com os ideais e princípios das Nações Unidas.

3. O lugar da nova sede da Organização das Nações Unidas será determinado, finalmente, por votação de maioria simples na Assembleia Geral.

Em fé do que os representantes dos governos das Nações Unidas subscreveram esta Carta.

Assinada na cidade de _____ em _____.

Estatudo da Corte Internacional de Justiça

Uma Proposta

Abril de 2011

Estatuto da Corte Internacional de Justiça

Artigo 1

A Corte Internacional de Justiça, estabelecida pela Carta das Nações Unidas como um órgão judicial principal das Nações Unidas, será constituída e funcionará conforme as disposições do presente Estatuto.

Miguel d`Escoto Brockmann, M. M.

Capítulo l
Organização da Corte

Artigo 2

A Corte será um corpo de magistrados independentes, eleitos sem se levar em conta sua nacionalidade, dentre pessoas que gozem de alta consideração moral e que reúnam as condições requeridas para o exercício das mais altas funções em seus respectivos países, ou que sejam jurisconsultos de reconhecida competência em matéria de Direito Internacional.

Artigo 3

1. A Corte será composta por quinze membros, entre os quais não poderá haver dois que sejam do mesmo Estado.

2. Toda pessoa que, ao ser eleita membro da Corte, tenha cidadania de mais de um Estado, será considerada cidadã do Estado onde exerça ordinariamente seus direitos civis e políticos.

Artigo 4

1. Os membros da Corte serão eleitos pela Assembleia Geral de uma lista de candidatos propostos pelos grupos nacionais da Corte Permanente de Arbitragem, de acordo com as seguintes disposições.

2. No caso de Estados Membros das Nações Unidas que não estejam representados na Corte Permanente de Arbitragem, os candidatos serão propostos por grupos nacionais designados, para tal fim, por seus respectivos governos, em condições iguais às estipuladas para os membros da Corte permanente de Arbitragem pelo Artigo 44 da Convenção de Haia, de 1907, a respeito de acordo pacífico das controvérsias internacionais.

3. Na falta de acordo especial, a Assembleia Geral fixará as condições em que possa participar na eleição dos membros da Corte um Estado que faça parte do presente Estatuto sem ser Membro das Nações Unidas.

Artigo 5

1. Pelo menos três meses antes da data da eleição, o Secretário Geral das Nações Unidas convidará, por escrito, os membros da Corte Permanente de Arbitragem, pertencentes aos Estados que fazem parte deste Estatuto, e os membros dos grupos nacionais designados conforme o Parágrafo 2 do Artigo 4, para que, dentro de um prazo determinado e por grupos nacionais, proponham como candidatos pessoas que

estejam em condições de desempenhar as funções de membros da Corte.

2. Nenhum grupo poderá propor mais de quatro candidatos, dos quais não mais de dois serão da nacionalidade do grupo. O número de candidatos propostos por um grupo não será, em caso nenhum, maior que o dobro do número de vagas a preencher.

Artigo 6

Antes de propor seus candidatos, recomenda-se a cada grupo nacional que consulte seu mais alto tribunal de justiça, suas faculdades de direito, academias nacionais e sessões nacionais de academias internacionais dedicadas ao estudo do direito.

Artigo 7

1. O Secretário Geral das Nações Unidas preparará uma lista, em ordem alfabética, de todas as pessoas assim designadas. Unicamente estas pessoas serão elegíveis.

1. O Secretário Geral apresentará esta lista à Assembleia Geral.

Artigo 8

A Assembleia Geral fará a eleição dos membros da Corte.

Artigo 9

Em toda eleição, os eleitores terão em conta não só que as pessoas que devem ser eleitas reúnam individualmente as condições requeridas, mas que também no conjunto estejam representadas as grandes civilizações e os principais sistemas jurídicos do mundo.

Artigo 10

1. Serão considerados eleitos os candidatos que obtenham maioria absoluta de votos na Assembleia Geral.

2. No caso de que mais de um cidadão do mesmo Estado obtenha maioria de votos na Assembleia Geral, será considerado eleito o de mais idade.

Artigo 11

Se, depois da primeira sessão celebrada para as eleições haja, ainda, uma ou mais vagas a serem preenchidas, far-se-á uma segunda sessão e, se necessário , uma terceira.

Artigo 12

No caso de empate na votação, o magistrado de mais idade decidirá com seu voto.

Artigo 13

1. Os membros da Corte desempenharão seus cargos por nove anos, e poderão ser reeleitos.

2. Se um membro da Corte renunciar, encaminhará a renúncia ao Presidente da Corte, que a enviará ao Secretário Geral das Nações Unidas. A renúncia será efetiva a partir da data de recepção da notificação.

Artigo 14

As vagas serão preenchidas dentro do mesmo procedimento seguido na primeira eleição, de acordo com a seguinte disposição: dentro de um mês da ocorrência da vacância, o Secretário Geral das Nações Unidas distribuirá os convites de que dispõe o Artigo 5, e a Assembleia Geral fixará a data da eleição.

Artigo 15

Todo membro da Corte, eleito para preencher a vaga de outro que não tenha terminado seu período, desempenhará o cargo durante o período restante de seu antecessor.

Artigo 16

1. Nenhum membro da Corte poderá exercer função política ou administrativa qualquer, nem dedicar-se a nenhuma outra ocupação de caráter profissional.

2. Em caso de dúvida, a Corte decidirá.

Artigo 17

1. Os membros da Corte não poderão exercer funções de agente, conselheiro ou advogado em nenhum assunto.

2. Não poderão, tampouco, participar da decisão de nenhum assunto em que tenham intervindo anteriormente como agentes, conselheiros ou advogados de qualquer das partes, ou como membros de um tribunal nacional ou internacional, ou de uma comissão investigadora, ou em qualquer outra qualidade.

3. Em caso de dúvida, a Corte decidirá.

Artigo 18

1. Não será destituído do cargo nenhum membro da Corte a menos que, a juízo de uma maioria de dois terços dos demais membros, tenha deixado de satisfazer às condições requeridas.

2. O Secretário da Corte comunicará oficialmente o caso acima ao Secretário Geral das Nações Unidas.

3. Esta comunicação determinará a vaga do cargo.

Artigo 19

No exercício das funções do cargo, os membros da Corte gozarão de privilégios e imunidades diplomáticos.

Artigo 20

Antes de assumir as obrigações do cargo, cada membro da Corte declarará solenemente, em sessão pública, que exercerá suas atribuições com toda imparcialidade e consciência.

Artigo 21

1. A Corte elegerá, para três anos, o seu Presidente e Vice-Presidente; estes poderão ser reeleitos.

2. A Corte nomeará seu Secretário e poderá fazer a nomeação dos demais funcionários que forem necessários.

Artigo 22

1. A sede da Corte será Haia. A Corte poderá, no entanto, reunir-se e funcionar em qualquer outro lugar quando o considerar conveniente.

2. O Presidente e o Secretário Geral residirão na sede da Corte.

Artigo 23

1. A Corte funcionará permanentemente, exceto nas férias judiciais, cujas datas e duração a própria Corte fixará.

2. Os membros da Corte têm direito a licenças periódicas, cujas datas e duração a própria Corte fixará, levando em conta a distância de Haia até o domicílio da cada magistrado.

3. Os membros da Corte têm a obrigação de estar a todo o momento à sua disposição, salvo se estão de licença ou impedidos por doença ou por motivos graves, devidamente explicados ao Presidente.

Artigo 24

1. Se, por algum motivo especial, um dos membros da Corte considerar que não deve participar da decisão de determinado assunto, dará conhecimento disso ao Presidente.

2. Se o Presidente considerar que um dos membros da Corte não deve inteirar-se de determinado assunto por algum motivo especial, deverá comunicar-lhe tal decisão.

3. Se, em algum desses casos, o membro da Corte e o Presidente não estiverem de acordo, a questão será resolvida pela Corte.

Artigo 25

1. Salvo o que expressamente disponha em contrário este Estatuto, a Corte exercerá suas funções em sessão plenária.

2. O Regulamento da Corte poderá dispor que, segundo as circunstâncias e por turno, se permita a um ou mais magistrados não assistir às sessões, com a condição de que não se reduza a menos de onze o número de magistrados disponíveis para constituir a Corte.

3. Bastará um quórum de nove magistrados para constituir a Corte.

Artigo 26

1. Toda vez que for necessário, a Corte poderá constituir um ou mais Escritórios, compostos de três ou mais magistrados, segundo disponha a própria Corte, para tomar conhecimento de determinadas categorias de negócios, como os litígios de trabalho e os relativos ao trânsito e às comunicações.

2. A Corte poderá constituir, a qualquer momento, um Escritório para se inteirar de determinado negócio. A Corte fixará, com a aprovação das partes, o número de magistrados de que se comporá tal Escritório.

3. Se as partes o solicitarem, os Escritórios de que trata este artigo ouvirão e decidirão os casos.

Artigo 27

Será considerada ditada pela Corte a sentença ditada por qualquer dos Escritórios de que tratam os Artigos 26 e 29.

Artigo 28

Os escritórios de que tratam os Artigos 26 e 29 poderão reunir-se e funcionar, com o consentimento das partes, em qualquer lugar que não seja Haia.

Artigo 29

Com a finalidade de facilitar o pronto despacho dos assuntos, a Corte constituirá anualmente um Escritório de cinco magistrados que, a pedido das partes, poderá ouvir e decidir casos sumariamente. Serão designados, além disso, dois magistrados para tomarem o lugar dos que não puderem atuar.

Artigo 30

1. A Corte formulará um regulamento mediante o qual determinará a maneira de exercer suas funções. Estabelecerá, em particular, suas regras de procedimento

2. O Regulamento da Corte poderá dispor que haja assessores com assento na Corte, ou em qualquer de seus Escritórios, sem direito a voto, entretanto.

Artigo 31

1. Os magistrados da mesma nacionalidade de cada uma das partes em litígio conservarão seu direito de participar da atuação no negócio no qual está intervindo a Corte.

2. Se a Corte incluir entre os magistrados da intervenção um da nacionalidade de uma das partes, a outra parte poderá designar uma pessoa de sua eleição para que tome assento na qualidade de magistrado. Essa pessoa deverá ser escolhida preferencialmente entre as

que tenham sido propostas como candidatos, de acordo com os Artigos 4 e 5.

3. Se a Corte não incluir entre os magistrados da intervenção nenhum magistrado da nacionalidade das partes, cada uma delas poderá designar um de acordo com o Parágrafo 2 deste artigo.

4. As disposições deste artigo se aplicarão aos casos de que tratam os Artigos 26 e 29. Em tais casos, o Presidente pedirá a um dos membros da Corte que constituem o Escritório, ou a dois deles, se for necessário, que cedam seus postos aos membros da Corte que sejam da nacionalidade das partes interessadas, e, não os havendo ou estando impedidos, que cedam os postos aos magistrados especialmente designados pelas partes.

5. Se várias partes tiverem um mesmo interesse, estas serão contadas como uma só parte para os fins das disposições precedentes. Em caso de dúvida, a Corte decidirá.

6. Os magistrados designados segundo está disposto nos Parágrafos 2, 3 e 4 do presente artigo deverão ter as condições requeridas pelos Artigos 2, 17 (Parágrafo 2), 20 e 24 do presente Estatuto, e participarão das decisões da Corte em termos de absoluta igualdade com seus colegas.

Artigo 32

1. Cada membro da Corte perceberá um salário anual.

2. O Presidente perceberá um estipêndio anual especial.

3. O Vice-Presidente perceberá um estipêndio especial por cada dia que desempenhe as funções de Presidente.

4. Os magistrados designados de acordo com o Artigo 31, que não sejam membros da Corte, perceberão remuneração por cada dia que desempenhem as funções do cargo.

5. Salários, estipêndios e remunerações serão fixados pela Assembleia Geral, e não poderão ser diminuídos durante o período do cargo.

6. O salário do Secretário será fixado pela Assembleia Geral, segundo proposta da Corte.

7. A Assembleia Geral fixará, em regulamento, as condições para fornecer pensões de retirada aos membros da Corte e ao Secretário, como também as condições que rejam o reembolso de gastos de viagem aos membros da Corte e ao Secretário.

8. Os salários, os estipêndios e as remunerações acima mencionados estarão isentos de toda classe de impostos.

Artigo 33

Os gastos da Corte serão sufragados pelas Nações Unidas da forma que determine a Assembleia Geral.

Capítulo II
Competência da Corte

Artigo 34

1. Só os Estados poderão tomar parte em casos perante a Corte.

2. Sujeita a seu próprio regulamento e em conformidade com ele, a Corte poderá solicitar de organizações internacionais públicas informação relativa a casos em litígio perante a Corte, e receberá a informação que essas organizações enviem por própria iniciativa.

3. Quando, em um caso que esteja em litígio perante a Corte, se discuta a interpretação do instrumento constitutivo de uma organização internacional pública, ou de uma convenção internacional concertada em virtude desse instrumento, o Secretário comunicará o fato à respectiva organização internacional pública e lhe enviará cópias de todo o expediente.

Artigo 35

1. A Corte estará aberta para os Estados Parte no presente Estatuto.

2. As condições sob as quais a Corte estará aberta a outros Estados serão fixadas pela Assembleia Geral em sujeição às disposições especiais dos tratados vigentes, mas tais condições não poderão de maneira alguma colocar as partes em situação de desigualdade perante a Corte.

3. Quando um Estado que não é Membro das Nações Unidas faz parte de um negócio, a Corte fixará a quantidade com que essa parte deva contribuir com os gastos da Corte. Esta condição não é aplicável quando esse Estado contribui com os gastos da Corte.

Artigo 36

1. A competência da Corte estende-se a todos os litígios que as partes lhe submetam e a todos os assuntos previstos na Carta das Nações Unidas ou nos tratados e convenções vigentes e sob sujeição ao disposto no Artigo 98 da Carta das Nações Unidas.

2. Os Estados partes no presente Estatuto declaram que reconhecem como obrigatória a jurisdição da Corte em todas as controvérsias de ordem jurídica que versem sobre:

    a. A aplicação ou interpretação de um tratado;
    b. Qualquer questão de Direito Internacional;

A Reinvenção da ONU | Uma Proposta

c. A existência de todo fato que, se for estabelecido, constituirá violação de uma obrigação internacional;

d. A natureza ou a extensão da reparação que se tenha de fazer pelo rompimento de uma obrigação internacional.

3. A Corte Internacional de Justiça pode tomar conhecimento de todos os atos de agressão ou crimes contra a Humanidade, crimes de guerra ou genocídio etc., a ela submetidos por qualquer Estado Membro ou não membro das Nações Unidas. Estabelece-se um prazo máximo de dez anos depois da entrada em vigor desta Carta, para submeter, perante a Corte, casos de agressão, crimes de guerra ou genocídio, cometidos a partir do ano de 1990, sem que isso exima da obrigação de dar cabal cumprimento a sentenças ditadas anteriormente a essa data.

4. Nenhum Estado, seja ou não membro da Organização das Nações Unidas, gozará de impunidade no cometimento de crimes contra a Humanidade, crimes de agressão ou genocídio. A Corte Internacional de Justiça poderá tomar conhecimento de casos de crimes perpetrados mesmo por Estados não membros das Nações Unidas, e julgá-los *in absentia* em caso de que recusem apresentar-se perante a Corte.

5. Em caso de disputa quanto a ter ou não a Corte jurisdição, a Corte decidirá.

Artigo 37

Quando um tratado ou convenção vigente disponha que um assunto seja submetido a uma jurisdição que a Sociedade das Nações ou a Corte Permanente de Justiça Internacional devia instituir, tal assunto, pelo que respeita às partes neste Estatuto, será submetido à Corte Internacional de Justiça.

Artigo 38

1. A Corte, cuja função é decidir conforme ao Direito Internacional as controvérsias que lhe sejam submetidas, deverá aplicar:

   a. As convenções internacionais, tanto gerais quanto particulares, que estabelecem regras expressamente reconhecidas pelos Estados litigantes;

   b. O costume internacional como prova de uma prática geralmente aceita como direito;

   c. Os princípios gerais de direitos reconhecidos pelas nações civilizadas;

   d. As decisões judiciais e as doutrinas dos homens públicos de maior competência das distintas nações, como meio auxiliar para a determinação das regras de direito, sem prejuízo do disposto no Artigo 59.

2. A presente disposição não restringe a faculdade da Corte para decidir um litígio *ex aequo et bono*, se as partes assim convierem.

Capítulo III
Procedimento

Artigo 39

1. Os idiomas oficiais da Corte serão o francês e o inglês. E o pronunciamento será feito em qualquer uma das línguas que for acordada entre as partes.

2. Na falta de acordo em relação ao idioma a ser empregado, cada parte poderá apresentar suas alegações no idioma que prefira, e a Corte ditará a sentença em francês ou em inglês. Neste caso, a Corte determinará qual dos dois textos fará fé.

3. Se o solicitar uma das partes, a Corte a autorizará a usar qualquer idioma que não seja nem o francês nem o inglês.

Artigo 40

1. As negociações serão abertas perante a Corte, segundo o caso, mediante notificação do compromisso ou mediante solicitação escrita dirigida ao Secretário. Em ambos os casos, serão indicados o objeto da controvérsia e as partes.

Miguel d'Escoto Brockmann, M. M.

2. O Secretário comunicará a solicitação imediatamente a todos os interessados.

3. O Secretário notificará também os Membros das Nações Unidas por meio do Secretário Geral, assim como os demais Estados com direito a comparecer perante a Corte.

Artigo 41

1. A corte terá faculdade para indicar, se considera que as circunstâncias assim o exigem, as providências que se devam tomar para resguardar os direitos da cada uma das partes.

2. Enquanto se pronuncia o veredito, serão imediatamente notificadas, às partes e ao Conselho de Segurança, as medidas indicadas.

Artigo 42

1. As partes serão representadas por agentes.

2. Poderão ter, perante a Corte, conselheiros ou advogados.

3. Os agentes, os conselheiros e os advogados das partes perante a Corte gozarão dos privilégios e das imunidades necessários para o livre desempenho de suas funções.

Artigo 43

1. O procedimento terá duas fases: uma escrita e outra oral.

2. O procedimento escrito compreenderá a comunicação, à Corte e às partes, de apresentação de fatos e de contra fatos, e, se necessário for, de réplicas, assim como de toda peça ou documentário em apoio a eles.

3. A comunicação será feita por meio do Secretário, por ordem e dentro dos termos fixados pela Corte.

4. Todo documento apresentado por uma das partes será comunicado à outra mediante cópia certificada.

5. O procedimento oral consistirá na audiência que a Corte conceda a testemunhas, peritos, agentes, conselheiros e advogados.

Artigo 44

1. Para toda notificação que se deva fazer a pessoas que não sejam agentes, conselheiros ou advogados, a Corte se dirigirá diretamente ao governo do Estado em cujo território deva agir.

2. E seguirá o mesmo procedimento quando se trate de obter provas no lugar dos fatos.

Artigo 45

O Presidente dirigirá as audiências da Corte e, em sua ausência, o Vice-Presidente; e, se nenhum deles puder fazê-lo, presidirá o mais antigo dos magistrados presentes.

Artigo 46

As audiências da Corte serão públicas, salvo o que disponha a própria Corte em contrário, ou que as partes peçam que não se admita o público.

Artigo 47

1. De cada audiência será lavrada uma ata, firmada pelo Secretário e pelo Presidente.

2. Esta ata será a única autêntica.

Artigo 48

A Corte ditará as providências necessárias para o curso do processo, decidindo a forma e termos aos quais cada parte deve ajustar suas alegações, e adotará as medidas necessárias para a prática das provas.

Artigo 49

Ainda antes de começar uma audiência, a Corte poderá pedir aos agentes que produzam algum documento ou deem alguma explicação. Caso se negarem a fazê-lo, se deixará formalmente constatado o fato.

Artigo 50

A Corte poderá, em qualquer momento, comissionar qualquer indivíduo, entidade, repartição, comissão ou outro organismo que ela escolha, para que faça uma investigação ou emita um juízo pericial.

Artigo 51

As perguntas pertinentes, que se façam a testemunhas e peritos no curso de uma audiência, estarão sujeitas às condições fixadas pela Corte nas regras de procedimento de que trata o Artigo 30.

Artigo 52

Uma vez recebidas as provas dentro do prazo fixado, a Corte poderá rejeitar qualquer prova adicional, oral ou escrita, que uma das partes deseje apresentar, salvo no caso de que a outra dê seu consentimento.

Artigo 53

1. Quando uma das partes não compareça perante a Corte, ou se abstenha de defender seu caso, a outra parte poderá pedir à Corte que decida a seu favor.

2. Antes de ditar sua decisão, a Corte deverá assegurar-se não só de que tenha competência em conformidade com as disposições dos Artigos 36 e 37, senão também de que a demanda está bem fundamentada no que diz respeito aos fatos e ao direito.

Artigo 54

1. Quando os agentes, conselheiros e advogados, conforme as providências da Corte, tenham terminado a apresentação de seu caso, o Presidente declarará terminada a audiência.

2. A Corte se retirará para deliberar.

3. As deliberações da Corte serão feitas privadamente e permanecerão secretas.

Artigo 55

1. Todas as decisões da Corte serão tomadas por maioria de votos dos magistrados presentes.

2. Em caso de empate, decidirá o voto do Presidente ou do magistrado que o substitua.

Artigo 56

1. O veredito será motivado.

2. O veredito mencionará os nomes dos magistrados que tenham tomado parte nele.

Artigo 57

Se o veredito não expressar no todo ou em parte a opinião dos magistrados, qualquer deles terá direito a que seja juntada ao veredito sua opinião dissidente.

Artigo 58

O veredito será firmado pelo Presidente e pelo Secretário, e será lido em sessão pública depois de se notificar devidamente os agentes.

Artigo 59

A decisão da Corte não é obrigatória senão para as partes em litígio e em relação ao caso que foi decidido.

Artigo 60

O veredito será definitivo e inapelável. Em caso de desacordo sobre o sentido ou o alcance do veredito, a Corte o interpretará a pedido de qualquer das partes.

Artigo 61

1. Só se poderá pedir a revisão de um veredito quando a solicitação for fundamentada na descoberta de um fato de tal natureza que possa ser fator decisivo e, ao pronunciar-se o veredito, fora desconhecido da Corte e da parte que pede a revisão, sempre que seu desconhecimento não se deva a negligência.

2. A Corte abrirá o processo de revisão mediante uma resolução na qual se faça constar expressamente a existência do fato novo, na qual se reconheça que este por sua natureza justifica a revisão, e na qual se declare que há lugar para a solicitação.

3. Antes de iniciar o processo de revisão, a Corte poderá exigir que seja cumprido aquilo disposto pelo veredito.

4. A solicitação de revisão deverá ser formulada dentro do prazo de seis meses depois de descoberto o fato novo.

5. Não se poderá pedir a revisão depois de decorrido o prazo de dez anos, a contar da data do fato.

Artigo 62

1. Se um Estado considerar que tem um interesse de ordem jurídica que pode ser afetada pela decisão do litígio, poderá pedir à Corte que lhe permita intervir.

2. A Corte decidirá em relação a tal petição.

Artigo 63

1. Quando se trata da interpretação de uma convenção da qual façam parte outros Estados além das partes em litígio, o Secretário notificará imediatamente a todos os Estados interessados.

2. Todo Estado assim notificado terá direito de intervir no processo; mas, se exerce esse direito, a interpretação contida no veredito será igualmente obrigatória para ele.

Artigo 64

Salvo se a Corte determinar de outra forma, cada parte arcará com suas custas.

Capítulo IV
Opiniões Consultivas

Artigo 65

1. A Corte poderá emitir opiniões consultivas a respeito de qualquer questão jurídica, mediante a solicitação de qualquer organismo autorizado para isso pela Carta das Nações Unidas, ou de acordo com as disposições da mesma Carta.

2. As questões sobre as quais se peça opinião consultiva serão expostas à Corte mediante solicitação por escrito, na qual se formule em termos precisos a questão em relação à qual se faça a consulta. Esta solicitação será acompanhada de todos os documentos que possam lançar luz sobre a questão.

Artigo 66

1. Tão logo se receba um pedido de opinião consultiva, o Secretário a notificará a todos os Estados que tenham direito de comparecer perante a Corte.

2. O Secretário notificará também, mediante comunicação especial e direta a todo Estado com direito a comparecer perante a Corte, e a toda organização internacional que, a juízo da Corte, ou de seu Presidente se a Corte não estiver reunida, possam fornecer alguma informação sobre a questão, que a Corte está apta a receber exposições por escrito dentro do termo a ser fixado pelo Presidente, ou para ouvir em audiência pública que para o ato se celebrará, exposições orais relativas a tal questão.

3. Qualquer Estado com direito a comparecer perante a Corte, que não tenha recebido a comunicação especial mencionada no Parágrafo 2 deste artigo, poderá manifestar seu desejo de apresentar uma exposição escrita ou de ser ouvido, e a Corte decidirá.

4. Será permitido aos Estados e às organizações que tenham apresentado exposições por escrito ou orais, ou de ambas as classes, discutir as exposições apresentadas por outros Estados ou organizações, na forma, na extensão e dentro do termo fixado pela Corte, ou por seu Presidente se a Corte não estiver reunida. Com essa finalidade, o Secretário comunicará oportunamente tais exposições escritas aos Estados e organizações que tenham apresentado as suas.

Artigo 67

A Corte pronunciará suas opiniões consultivas em audiência pública, sob prévia notificação ao Secretário Geral das Nações Unidas e aos representantes dos Membros das Nações Unidas, dos outros Estados e das organizações internacionais diretamente interessados.

Artigo 68

No exercício de suas funções consultivas, a Corte se guiará inclusive pelas disposições deste Estatuto que normatizem em matéria contenciosa, na medida em que a própria Corte as considere aplicáveis.

Capítulo V
Revisões do Estatuto

Artigo 69

As reformas do presente Estatuto serão efetuadas mediante o mesmo procedimento que estabelece a Carta das Nações Unidas, Capítulo XVI, Artigo 117, para a revisão da referida Carta, em sujeição às disposições que a Assembleia Geral adote em relação à participação de Estados que façam parte do Estatuto, mas não Membros das Nações Unidas.

Artigo 70

A Corte estará facultada a propor, para o presente Estatuto, as reformas que julgue necessárias, comunicando-as por escrito ao Secretário Geral das Nações Unidas, a fim de que sejam consideradas em conformidade com as disposições do Artigo 69.

Artigo 71

Transitório

Os magistrados que, ao entrar em vigor o presente Estatuto, se encontrarem no exercício de seus cargos, continuarão neles em conformidade com os períodos estabelecidos na matéria.

Estatuto do Tribunal Internacional de Justiça Climática e Proteção Ambiental (Tijcpa)

Uma Proposta

Abril de 2011

Estatuto do Tribunal Internacional de Justiça Climática e Proteção Ambiental (Tijcpa)

Preâmbulo

As altas partes contratantes,

I. *Considerando* que a Terra é viva, com um delicado equilíbrio de todos os elementos ecológicos e as condições que o tornam ideal para a produção e a reprodução da vida humana, é, por essa razão, nossa grande mãe e lar comum;

II. *Aceitando* que a evidência científica: de que a destruição em grande escala dos *habitat*, o esgotamento massivo do solo, a emissão excessiva de gases, de efeito estufa de origem antropogênica, e o ofensivo desmatamento têm causado a alteração dos ciclos naturais em todo o mundo, infligindo danos à Mãe Terra, que podem ser irreversíveis;

III. *Preocupados* porque, atualmente, os casos de extinção massiva de espécies ocorrem com maior frequência, maior rapidez e maior impacto que em qualquer outro momento;

IV. *Reconhecendo* que muito mais espécies, incluída a espécie humana, podem extinguir-se caso não se tomem atitudes para prevenir e corrigir os atos dos seres humanos que danificam a Mãe Terra;

V. *Reconhecendo* que esses atos poderiam constituir crimes internacionais;

VI. *Afirmando* a existência do delito de ecocídio, como um crime internacional contra a paz, a Mãe Terra e a Humanidade;

VII. *Tendo presente* que a Mãe Terra, por ser um bem comum supremo e universal e uma condição para todos os demais bens, não deve ser considerada como um objeto, mas como um sujeito de direitos;

VIII. *Convencidos* de que devemos recorrer, tanto quanto seja possível, a todos os recursos não violentos, à nossa disposição, para alcançar a paz e a justiça e a salvaguarda do bem comum e da Mãe Terra e da Humanidade;

IX. *Reconhecendo* que para poder lograr a paz e segurança duradouras, para o respeito universal de todos os Direitos Humanos e, em definitivo, para a sobrevivência da Humanidade, os seres humanos devem agir, nacional e internacionalmente, para proteger a Mãe Terra e prevenir que se cometam crimes conta a Mãe Terra e a Humanidade;

X. *Afirmando* que os crimes cometidos contra a Terra e a Humanidade, incluído o delito de ecocídio, não devem ficar impunes e que, neste sentido, deverão ser tomadas medidas, nacional e internacionalmente, para assegurar seu processamento efetivo;

A Reinvenção da ONU | Uma Proposta

XI.   *Determinados* a pôr fim à impunidade dos perpetradores de tais crimes;

XII.   *Recordando* que é obrigação de cada Estado exercer sua jurisdição penal contra os autores de delitos que prejudicam o ambiente natural, incluindo o crime de ecocídio;

XIII.   *Reafirmando* os propósitos e princípios da Carta das Nações Unidas e, em particular, o fato de que todos os Estados têm o dever de empreender medidas individuais e coletivas para promover o desenvolvimento sustentável de todas as nações, grandes e pequenas;

XIV.   *Levando em conta* que, para estes fins, a Carta da Organização criou um Tribunal de Justiça Climática e de Proteção Ambiental independente, dentro do sistema das Nações Unidas, com jurisdição sobre os crimes internacionais e os atos ilegais cometidos contra a Mãe Terra e a Humanidade;

XV.   *Imbuídos* do compromisso de salvaguardar e promover o bem supremo da vida das gerações presentes e futuras, e de todos os seres vivos em nosso planeta;

Os Estados Membros das Nações Unidas acordaram o seguinte:

Miguel d'Escoto Brockmann, M. M.

Capítulo Único
Estabelecimento e
Funcionamento do Tribunal

Artigo 1

Do Tribunal

1. O Tribunal Internacional de Justiça Climática e de Proteção Ambiental (de agora em diante: o Tribunal), estabelecido pela Carta da Organização das Nações Unidas, ficará constituído e funcionará conforme as disposições do presente Estatuto.

2. O Tribunal será um órgão judicial principal das Nações Unidas, com a faculdade de exercer jurisdição sobre os Estados Membros que tenham ratificado a Carta, e sobre todas as pessoas físicas e jurídicas de qualquer nacionalidade.

3. Em conformidade com o Artigo 103-3 da Carta: Estados que não são Estados Membros da presente Carta não poderão eximir-se de suas obrigações de proteger a Mãe Terra e a Humanidade, e, se violarem essas obrigações, incorrerão em responsabilidade internacional, de acordo com as normas do Direito Internacional.

A Reinvenção da ONU | Uma Proposta

4. O Tribunal se comporá de:

   a. Onze juízes;
   b. Uma secretaria para assistir os juízes e o fiscal;
   c. O escritório do fiscal.

5. A sede do Tribunal será a cidade de Cochabamba, na República Plurinacional de Bolívia. O Tribunal poderá, no entanto, reunir-se e funcionar em qualquer outro lugar quando o considerar conveniente. A Assembleia Geral das Nações Unidas assegurará a provisão de recursos adequados para o funcionamento do Tribunal.

6. O Tribunal elaborará seu próprio Regulamento de procedimentos, que proverá os aspectos organizacionais do Tribunal, incluindo sua composição.

7. As deliberações do Tribunal serão públicas e transparentes, salvo quando as exigências de proteção da identidade das crianças menores de 18 anos de idade, ou outras circunstâncias especiais determinadas pelo Tribunal assim o requeiram. As deliberações dos juízes serão sempre privadas e sem registro, salvo na sentença do Tribunal ou quando seja permitido em uma opinião separada ou em um dissentimento.

8. As sentenças e opiniões do Tribunal incluirão tanto a decisão rendida sobre o assunto submetido ao Tribunal, quanto os motivos ou fundamentos da decisão.

9. Qualquer juiz poderá expressar um voto dissidente, ou formular uma opinião individual diferente, na sentença do Tribunal.

10. As decisões relativas a pessoas físicas ou jurídicas deverão:

a. Fazer-se por escrito;
b. Restringir-se aos princípios e normas internacionais requeridos para a realização de um juízo justo;
c. Incluir os resultados explícitos da *mens rea* (estado mental ou intenção de uma pessoa ao cometer um ato delituoso) e do *actus reus*;
d. Incluir, também, uma descrição, avaliação e determinação ou quantificação dos danos reconhecidos na sentença do Tribunal.

11. As sanções, às quais a resolução dê lugar, relativas às pessoas físicas, não poderão incluir a pena de morte.

Artigo 2

Da jurisdição

1. A jurisdição penal do Tribunal será complementária das jurisdições penais nacionais; será exercida quando um tribunal de jurisdição nacional não queira ou não possa exercer jurisdição sobre uma pessoa, no momento oportuno; ou a parte afetada não fique satisfeita com a resolução do tribunal nacional e tenha motivos bem fundados para julgar que tal resolução possa ser insatisfatória também para o Tribunal.

2. A competência e o funcionamento do Tribunal se regerão, exclusivamente, pelas disposições do presente Estatuto e pelas disposições especiais adota-

das por qualquer Estado que não faça parte do presente Estatuto.

3. O Tribunal poderá determinar qualquer questão sob sua jurisdição, em conformidade com os estatutos e suas normas de procedimento.

4. O Tribunal terá o poder de impor medidas cautelares antes de decidir sobre os méritos de qualquer caso, com o objetivo de evitar danos ao meio ambiente.

5. A jurisdição do Tribunal se limitará às questões relativas às obrigações jurídicas internacionais, descritas no Artigo 4, e incluem:

   a. a faculdade de determinar a responsabilidade dos Estados;
   b. a capacidade de decretar responsabilidade sobre pessoas jurídicas e físicas, incluindo a imposição – na sentença condenatória – de penas pecuniárias ou multas a tais pessoas, que poderão ser mantidas debaixo de custódia, se for necessário;
   c. em cada um dos casos anteriores, o Tribunal terá a autoridade para ordenar a reparação dos danos causados pela atividade ilegal.

Artigo 3

Das opiniões consultivas

1. O Tribunal terá a faculdade de emitir opiniões consultivas sobre qualquer questão votada por maioria simples dos Estados Membros das Nações Unidas que estejam presentes na Assembleia Geral.

2. Outros órgãos das Nações Unidas e de agências especializadas, que em qualquer momento puderem ser autorizadas pela Assembleia Geral, poderão solicitar uma opinião consultiva ao Tribunal Internacional sobre as questões jurídicas que surjam dentro de suas atividades.

3. Quando seja autorizado pela Assembleia Geral, as organizações não governamentais poderão solicitar uma opinião consultiva do Tribunal Internacional sobre as questões jurídicas de importância internacional que surjam dentro de sua jurisdição e no âmbito das atividades da organização não governamental.

4. Em resposta a uma solicitação de opinião consultiva, o Tribunal levará em conta os princípios que emanam da Declaração Universal do Bem Comum da Mãe Terra e da Humanidade, assim como outros princípios relevantes do direito. Terão especial importância os princípios enumerados no Artigo 4-2.

5. O Tribunal determinará sua jurisdição para receber e responder a toda solicitação de uma opinião consultiva, em conformidade com o presente Estatuto.

Artigo 4

Das fontes das obrigações jurídicas internacionais

1. O Tribunal aplicará os princípios que emanam da Declaração Universal do Bem Comum da Mãe Terra e da Humanidade e os demais princípios pertinentes do direito para decidir sobre os assuntos submetidos a seu conhecimento.

2. O Tribunal dará especial importância aos seguintes princípios e normas do direito:

   a. O delito de ecocídio, definido como qualquer ato perpetrado por um Estado ou por uma Pessoa Física ou Jurídica, quer seja intencional ou por negligência, que cause dano permanente e significativo ao meio ambiente natural;

   b. O "princípio de cautela" que exige que um Estado ou Pessoa Física ou Jurídica, que possam prevenir danos ao meio ambiente, atuando de maneira oportuna para evitar tal dano, que o façam;

   c. A ideia de "desenvolvimento sustentável" obriga um Estado ou Pessoa Física ou Jurídica a garantir que suas ações promovam o desenvolvimento econômico e social sustentável, respeitando e protegendo os direitos da Mãe Terra;

   d. O conceito de "desenvolvimento sustentável" obriga um Estado ou Pessoa Física ou Jurídica a garantir que um Estado que não conseguiu um "alto nível" de desenvolvimento determinado pelo índice de desenvolvimento humano das Nações Unidas seja capaz de acelerar e desenvolver a tecnologia necessária para seu desenvolvimento de maneira ecologicamente sustentável, inclusive mediante a eliminação de obstáculos jurídicos ou financeiros, tais como os direitos de propriedade intelectual;

e. A máxima "o que contamina paga" obriga um Estado ou Pessoa Física ou Jurídica a pagar reparações totais por qualquer ação que cause dano significativo ao meio natural ou sistema climático, incluída a indenização aos indivíduos e às comunidades dos Estados afetados pelo dano;

f. O princípio de "responsabilidades comuns, porém diferenciadas, e as respectivas capacidades" obriga, aos Estados que tenham maior nível de desenvolvimento, determinado pelo índice de Desenvolvimento Humano das Nações Unidas, e que – em uma proporção significativa – tenham sido responsáveis por danos aos ecossistemas comuns desde 1850, a ter um maior grau de responsabilidade na prevenção e reparação de tais danos.

3. As justificativas que se encontram na lei geral de responsabilidade do Estado serão aplicáveis levando em conta que a falta de certeza científica absoluta nunca poderá ser uma justificativa.

4. Na interpretação e na aplicação das obrigações jurídicas internacionais consignadas no Parágrafo 1, o Tribunal se regerá pelas:

a) Descobertas científicas da melhor informação disponível, no entendimento dos relatórios elaborados pelo Painel Intergovernamental sobre a Mudança Climática, serão consideradas as melhores descobertas científicas, a menos que se demonstre o contrário;

b) Opiniões dos povos indígenas que tiverem sido levadas ao conhecimento do Tribunal;

c) Regras gerais de interpretação dos tratados prescritas nos Artigos 31 e 32 da Convenção de Viena, sobre o Direito dos Tratados.

Artigo 5

Dos juízes

O Tribunal será composto por onze juízes.

1. A Assembleia Geral elegerá os onze Juízes do Tribunal, com maioria de dois terços dos membros presentes e votantes, assegurando que as cinco regiões geográficas das Nações Unidas estejam representadas e que a eleição se faça de entre juízes destacados que sejam especialistas reconhecidos em legislação ambiental – nacional e internacional – em Direitos Humanos, em Direito Penal Internacional ou em Direito Internacional Humanitário.

2. Nenhum juiz ou juiz *ad hoc* poderá exercer funções de governo nem ter outro emprego durante seu mandato.

Miguel d'Escoto Brockmann, M. M.

3. Cada juiz será eleito para um período de nove anos e poderá ser reeleito uma vez para outro período de igual duração. Na primeira eleição, três juízes serão eleitos para um período de três anos, quatro juízes serão eleitos para um período de seis anos, e quatro juízes serão eleitos para um período de nove anos.

4. Um juiz só poderá ser removido antes que termine seu mandato se houver cometido algum delito grave, que ponha em dúvida a capacidade de tal juiz de continuar nas funções, toda vez que assim o determinar a Assembleia Geral das Nações Unidas, por votação que requererá maioria de dois terços dos Estados Membros presentes e votantes.

Artigo 6

Dos juízes *ad hoc*

Os juízes *ad hoc* podem ser nomeados nos conflitos entre Estados ou quando o solicite o Estado de um cidadão que esteja envolvido em um processo perante o Tribunal, sempre e quando esse Estado não tenha um cidadão seu entre os onze juízes integrantes do Tribunal. Em tais circunstâncias, a pedido do Estado interessado, a Assembleia Geral nomeará juízes *ad hoc*, que reúnam os requisitos e qualidades prescritos no Artigo 5-2, acima.

Artigo 7

Da Secretaria do Tribunal

Cria-se a Secretaria do Tribunal para proporcionar a ele o apoio administrativo que seja necessário, incluindo, entre outras prestações de serviço, a oportuna elaboração e tradução de documentos, a aquisição de livros e de outros recursos necessários para o funcionamento do Tribunal; assim como qualquer outra tarefa que lhe designem os juízes do Tribunal.

1. A Secretaria será dirigida por um secretário executivo adscrito ao Tribunal, que será eleito por maioria simples dos membros presentes e votantes na Assembleia Geral das Nações Unidas, por um período de dez anos. O secretário executivo do Tribunal terá status de subsecretário geral.

2. Os empregados da Secretaria serão funcionários internacionais, contratados de entre pessoas altamente qualificadas. Ter-se-á presente a visão de gênero e a equitativa distribuição geográfica das cinco regiões reconhecidas nas Nações Unidas.

3. A Secretaria poderá, com consentimento dos juízes, e tendo em conta a igualdade de tratamento, fazer acordos para dar acolhida a ajudantes ou a outro tipo de assistentes dos juízes. Medidas semelhantes poderão ser tomadas para o serviço de fiscalização, com o consentimento do fiscal e da Secretaria.

4. O secretário executivo só poderá ser removido antes que termine seu mandato se houver cometido algum delito grave que coloque em dúvida sua capacidade de continuar cumprindo suas funções no Tribunal, o que será determinado por votação que requererá maioria simples dos membros da Assembleia Geral das Nações Unidas.

Artigo 8

Ðo escritório do fiscal

1. O escritório do fiscal deve ser estabelecido como parte essencial do Tribunal.

2. O escritório do fiscal do Tribunal será presidido por um fiscal eleito por maioria de votos da Assembleia Geral das Nações Unidas, por um período de dez anos, e terá status de subsecretário geral.

3. O fiscal trabalhará em estreita cooperação com os juízes do Tribunal, não, porém, sob suas instruções, e será independente. Entretanto, estará sujeito à jurisdição do Tribunal para efeito de qualquer procedimento disciplinar de que seja passível.

4. O fiscal deverá exercer sua função com o grau máximo de integridade, objetividade e independência, no exercício de suas faculdades.

5. O fiscal poderá iniciar um processo penal contra pessoas físicas ou jurídicas sobre as quais o Tribunal tenha

jurisdição, por violações à lei, aos princípios e regras, conforme disposto no Artigo 4 do presente Estatuto.

6. O fiscal poderá emitir opiniões legais por escrito em qualquer caso relativo à presumida responsabilidade de um Estado, como no cometimento de um fato internacionalmente ilícito, em conformidade com os princípios que emanam da Declaração Universal do Bem Comum da Mãe Terra e da Humanidade, e com os demais princípios pertinentes consignados no Artigo 4 deste Estatuto.

7. O fiscal poderá fazer o que considere adequado para proteger as testemunhas cujas declarações sejam consideradas pertinentes ou úteis ao esclarecimento dos fatos submetidos ao conhecimento e veredito do Tribunal.

8. O fiscal poderá ser removido antes de terminar seu mandato só se tiver cometido algum delito grave, que coloque em dúvida sua capacidade de continuar cumprindo suas funções no Tribunal, o que será determinado por uma votação que requer maioria simples dos Estados Membros da Assembleia Geral das Nações Unidas.

Artigo 9

O Tribunal elaborará seu próprio regulamento, mediante o qual determinará a maneira de exercer suas funções e estabelecerá, em particular, suas regras de procedimento.

Artigo 10

Das relações com outros órgãos judiciais internacionais

1. O Tribunal poderá colaborar com outros órgãos judiciais internacionais, na medida em que tal colaboração sirva aos fins para os quais o Tribunal foi criado.

2. Embora possa o Tribunal considerar as decisões e opiniões de qualquer outro órgão judicial, nem por isso estará obrigado a aplicá-las a assuntos submetidos à sua jurisdição especializada.

3. O Tribunal abster-se-á de tomar conhecimento e de resolver os casos que estejam *sub judice* na Corte Internacional de Justiça.

Artigo 11

Do regime idiomático do Tribunal

1. Os idiomas oficiais do Tribunal são o inglês e o francês, mas todos os documentos públicos do Tribunal serão traduzidos para os idiomas oficiais das Nações Unidas, tão logo isso seja possível.

2. Qualquer litigante perante o Tribunal poderá utilizar seu idioma. Neste caso, a Secretaria assegurará um intérprete fiel quando a parte demonstre, dentro do

razoável, que não pode pagar os custos de tradução e interpretação.

Artigo 12

Da entrada em vigor do Estatuto

1. O presente Estatuto entrará em vigor para todos os Estados membros das Nações Unidas depois de trinta dias de ter sido ratificado pela metade mais um dos Estados Membros das Nações Unidas.

2. Todo Estado que não é membro das Nações Unidas poderá tomar parte no presente Estatuto, e estará obrigado por ele a partir da data de sua entrada em vigor.

3. A jurisdição do Tribunal versará sobre crimes cometidos por pessoas físicas ou jurídicas, depois da entrada em vigor do presente Estatuto.

Artigo 13

Das modificações do Estatuto

1. O presente Estatuto poderá ser modificado mediante o acordo de dois terços dos Estados Partes no Estatuto.

2. As emendas ao presente Estatuto entrarão em vigor trinta dias depois de terem sido aprovadas.

Artigo 14

Do término do Estatuto

O presente Estatuto não poderá ser denunciado por qualquer Estado desde que este seja parte daquele, exceto se a denúncia for autorizada por maioria de dois terços da Assembleia Geral das Nações Unidas.

Declaração Universal do Bem Comum da Mãe Terra e da Humanidade

Uma Proposta

Abril de 2011

Declaração Universal do Bem Comum da Mãe Terra e da Humanidade

Preâmbulo

1. *Considerando* que Terra e Humanidade são partes de um vasto universo em evolução, e que possuem um mesmo destino, ameaçado de destruição pela irresponsabilidade e pela falta de cuidado dos seres humanos, e que a Terra forma com a Humanidade uma única entidade, complexa e sagrada, como se torna claro quando ela é vista do espaço exterior, e que, além disso, a Terra é viva e se comporta como um único sistema autorregulador, formado por componentes físicos, químicos, biológicos e humanos que a tornam propícia à produção e reprodução da vida, e que por isso é nossa grande Mãe e nosso Lar comum.

2. *Levando em conta* que a Mãe Terra se compõe do conjunto de ecossistemas nos quais gerou uma multiplicidade imensa de formas de vida, todas interdependentes e complementares, formando a grande comunidade de vida, e que existe um laço de parentesco entre todos os seres vivos pelo fato de todos serem portadores do

mesmo código genético de base que fundamenta a unidade sagrada da vida em suas múltiplas formas, e que, portanto, a Humanidade é parte da comunidade de vida e do momento de consciência e de inteligência da própria Terra, fazendo com que no ser humano, homem e mulher, seja a mesma Terra quem fala, pensa, sente, ama, cuida e venera.

3. *Considerando* que todos os seres humanos com suas culturas, línguas, tradições, religiões, artes e cosmovisões constituem uma única família de irmãos e irmãs com dignidade e direitos iguais, e que a Mãe Terra providenciou tudo o que precisamos para viver, e que a vida natural e humana depende de uma biosfera saudável, com todos os ecossistemas sustentáveis, nos quais água, florestas, animais e incontáveis micro-organismos são preservados, e, além disso, que o crescente aquecimento global põe em risco a vitalidade e a integridade do sistema Terra, e que graves devastações podem ocorrer e afetar o bem-estar de milhões e milhões de pessoas pobres, que poderão morrer, antes de seu devido tempo, de fome, sede e diferentes enfermidades, além de colocar em riso a sobrevivência de toda a espécie humana e causar massivas violações a Direitos Humanos internacionalmente protegidos.

4. *Recordando* que se deve renovar e organicamente articular o contrato natural com o contrato social que conseguiu impor-se com exclusividade e que propiciou o antropocentrismo e instaurou estratégias de apropriação e dominação da natureza e da Mãe Terra, já que o modo de produção vigente nos últimos séculos e atualmente globalizado não conseguiu atender às demandas vitais dos povos, senão,

pelo contrário, gerar um abismo profundo entre ricos e pobres.

5. *Considerando* que a consciência da gravidade da situação da Terra e da Humanidade faz imprescindíveis mudanças nas mentes e nos corações como o destaca com ênfase a Carta da Terra, e que se forja uma coalizão de forças ao redor de valores comuns e de princípios inspiradores que sirvam de fundamento ético e de estímulo para práticas que garantam que todos os indivíduos, organizações, escolas, estabelecimentos comerciais, instituições transnacionais e governos adotem uma forma sustentável de viver.

6. *Tendo em conta* que as pessoas, as instituições, a iniciativa da Carta da Terra, os líderes políticos, as ONGs, as religiões e Igrejas que subscrevem esta Declaração veem a urgência de que se promulgue a presente DECLARAÇÃO UNIVERSAL DO BEM COMUM DA MÃE TERRA E DA Humanidade, cujos ideais e critérios devem orientar os povos, as nações e todos os cidadãos em suas práticas coletivas, comunitárias e pessoais e nos processos educativos, para que o bem comum seja progressivamente reconhecido, respeitado, observado, assumido e promovido universalmente, em vista do bem viver de cada um e de todos os habitantes deste pequeno planeta azul e branco, nosso Lar Comum.

É por tudo o que foi dito antes que a Assembleia Geral promulgasse esta Declaração Universal do Bem Comum da Mãe Terra e da Humanidade como uma norma comum para reger as sagradas relações entre todos os povos, nações e seus respectivos contornos naturais, com o propósito de que todo indivíduo ou organismo da sociedade tenham sempre presente esta Declaração, como também outras relevantes provisões do Direito Internacional, incluindo o Direito Internacional humanitário, e por meio da educação se esforcem em promover o respeito aos princípios contidos nesta Declaração, e, assim, progressivamente, ir tomando medidas em nível nacional e internacional para garantir seu efetivo reconhecimento e sua observância em todo o mundo.

Artigo 1

O bem comum supremo e universal, condição para todos os demais bens, é a própria Terra que, por ser nossa grande Mãe, deve ser amada, cuidada, regenerada e venerada como nossas próprias mães.

1. O bem comum da Mãe Terra e da Humanidade exige que entendamos a Terra como viva e sujeito de dignidade. Não pode ser apropriada de forma individual por ninguém, nem feita mercadoria ou sofrer agressão sistemática por nenhum modo de produção. Pertence comunitariamente a todos os que a habitam, inclusive aos que, entretanto, ainda não nasceram e ao conjunto dos ecossistemas.

2. O bem comum da Mãe Terra e da Humanidade exige proteger e restaurar a integridade dos ecossistemas, com especial preocupação pela diversidade biológica e por todos os processos naturais que sustentam a vida.

3. O bem comum da Mãe Terra e da Humanidade é fortalecido quando todos os seres são vistos como interconectados e com valor intrínseco, independentemente de seu uso humano.

Artigo 2

Para assegurar o bem comum da Mãe Terra e da Humanidade é necessário reduzir, reutilizar e reciclar materiais usados na produção e no consumo, garantir que os resíduos possam ser assimilados pelos sistemas ecológicos.

1. O bem comum da Mãe Terra e da Humanidade resulta de uma utilização sustentável dos bens renováveis como água, solos, produtos da floresta e vida marinha, de forma que possam ser repostos e garantidos para as atuais e as futuras gerações.

2. O manuseio dos bens não renováveis, como minerais e combustíveis fósseis, deve ser realizado de maneira que diminua sua extinção e não prejudique gravemente o bem comum da Mãe Terra e da Humanidade.

Artigo 3

Adotar padrões de produção e consumo que garantam a vitalidade e a integridade da Mãe Terra, a igualdade social na Humanidade, o consumo responsável e solidário, e o bem viver comunitário.

1. O bem comum da Mãe Terra e da Humanidade requer a utilização sustentável das energias disponíveis, privilegiando as matrizes renováveis e outras fontes alternativas como a energia do sol, do vento, das marés e a agroenergia.

2. O bem comum da Mãe Terra e da Humanidade é potencializado quando se diminui ao máximo a poluição em qualquer parte do ambiente, evitando-se, assim, os efeitos perversos do aquecimento global, e quando não se permite o aumento do uso de substâncias radiativas, tóxicas e de outras substâncias químicas perigosas.

3. O bem comum da Mãe Terra e da Humanidade não é compatível com a existência de armas nucleares, biológicas, químicas, construídas com urânio enriquecido ou outros materiais radioativos, e demais armas de destruição em massa, que devem ser eliminadas totalmente.

Artigo 4

A biosfera é um bem comum da Mãe Terra e da Humanidade, e é patrimônio compartilhado por todas as formas de vida, da qual os seres humanos são tutores.

Artigo 5

Pertencem ao bem comum da Mãe Terra e da Humanidade os recursos naturais, como o ar, os solos, a fertilidade, a flora, a fauna, os genes, os microssistemas e as mostras representativas dos ecossistemas naturais, e o espaço exterior.

1. A água pertence ao bem comum da Mãe Terra e da Humanidade, porque é um bem natural, comum, vital e insubstituível para todos os seres vivos, especialmente para os humanos, que têm direito a seu acesso,

independentemente dos custos de sua captação, reserva, purificação e distribuição, que serão assumidos pelo poder público e pela sociedade.

2. Os oceanos são um bem comum da Mãe Terra e da Humanidade pois constituem os grandes repositórios de vida, os reguladores dos climas e da base física e química da Terra.

3. As matas pertencem ao bem comum da Mãe Terra e da Humanidade, porque contêm a maior biodiversidade do planeta, a umidade necessária para o regime de chuvas, além de serem os grandes arrebatadores do dióxido de carbono.

4. A atmosfera da terra e o sistema dos climas pertencem ao bem comum da Mãe Terra e da Humanidade, pois são a condição essencial da manutenção da vida e devem ser tratados globalmente e com uma responsabilidade compartilhada.

Artigo 6

Deve-se pôr fim à interferência humana no sistema dos climas, que deve ser corrigido mediante a cooperação internacional. Essa cooperação deverá basear-se nos princípios de justiça climática, igualdade compartilhada embora diferenciada, responsabilidades e capacidades respectivas, como também outros reconhecidos princípios do Direito Internacional, incluindo as provisões da Declaração.

Artigo 7

Pertencem ao bem comum da Mãe Terra e da Humanidade os alimentos em sua diversidade e os recursos genéticos necessários para sua produção, sobre os quais se proíbe todo tipo de especulação mercantil.

Artigo 8

São bens públicos da Humanidade as energias necessárias a vida, saúde e educação, além dos meios de comunicação, da internet, dos correios e dos transportes coletivos. Os medicamentos produzidos pelos laboratórios particulares, depois de cinco anos de terem sido registrados, passam a pertencer ao bem público da Humanidade, sendo que, em emergências, deverão converter-se imediatamente em bens públicos.

Artigo 9

As atividades petrolíferas e minerais e os agrocombustíveis devem ficar submetidos a um controle estatal e social em razão dos efeitos daninhos que podem ter sobre o bem comum da Mãe terra e da Humanidade.

Artigo 10

Juntamente com a Terra e a biosfera, é a Humanidade como um todo o maior bem comum da Mãe Terra e da Humanidade. Ela não é a soma dos indivíduos da espécie humana. Pelo fato de essa espécie ser essencialmente social, nasce a Humanidade como o conjunto de relações de todo tipo, que se estabelecem entre as pessoas, instituições, etnias e culturas. Constitui um erro e uma ilusão separar a Humanidade em entidades diferentes devido a seu lugar de nascimento, uma vez que, como seres humanos, todos compartilhamos uma mesma origem. Em virtude disso, todos nós somos africanos, coproprietários da Terra, e assumimos uma responsabilidade compartilhada por seu cuidado e gestão.

1. Pelo fato de ser consciente e corresponsável, a Humanidade histórica pode se mostrar tanto sã quanto demente, além de egoísta e altruísta. Pode usar dos saberes técnicos e científicos para beneficiar a vida de todos e da Terra, como pode criar engenhos de morte que podem ameaçá-la e até destruí-la. É capaz de amar a ponto de doar a vida, mas também pode odiar a ponto de tirá-la. Por isso, impõe-se a consciência de uma ética humanitária, que ama e protege mais a vida, em todas as suas formas, do que o poder e o proveito pessoal ou coletivo.

2. É próprio de a Humanidade dar-se um objetivo comum e imaginar para si um futuro de esperança, criando para isso as condições de atingi-lo a curto, médio e longo prazo. Com isso, cria uma comunidade de destino, copilotando a biosfera na perspectiva da perpetuidade da espécie humana.

3. Compete à Humanidade fazer-se responsável pelo crescimento demográfico dentro dos limites físicos e geográficos de um planeta finito, sabendo, com ética e astúcia, compatibilizar os direitos das pessoas e das famílias com o interesse coletivo da Humanidade.

Artigo 11

O grande bem comum da Mãe Terra e da Humanidade são os seres humanos, homens e mulheres, portadores de dignidade, consciência, inteligência, amor, solidariedade e responsabilidade.

1. Há que se afirmar a dignidade inerente de todos os seres humanos, e seu potencial intelectual, artístico, ético e espiritual.

2. A missão dos seres humanos é de cuidar e proteger a Terra e a Humanidade como heranças recebidas do universo.

3. As comunidades em todos os níveis têm a obrigação de garantir a realização dos direitos e das liberdades fundamentais, criando condições para que cada pessoa realize seu pleno potencial e contribua para o bem comum da Mãe Terra e da Humanidade.

Artigo 12

Pertencem ao bem comum da Mãe Terra e da Humanidade todos os saberes, artes e técnicas acumulados ao longo da história.

A Reinvenção da ONU | Uma Proposta

1. O bem comum da Mãe Terra e da Humanidade requer reconhecer e preservar os saberes tradicionais e a sabedoria espiritual de todas as culturas que contribuem para cuidar da Terra, para desenvolver o potencial da Humanidade e para favorecer o bem comum.

2. O bem comum da Humanidade pode fazer desenvolver, com recursos financeiros, técnicos, sociais e intelectuais, os povos pobres e vulneráveis, para que alcancem um modo de vida sustentável e colaborem com o bem comum.

3. O bem comum da Mãe Terra e da Humanidade exige a erradicação da pobreza como um imperativo humanitário, ético, social, ambiental e espiritual.

4. As justiças social e ecológica não podem ser dissociadas porque ambas servem ao bem comum da Mãe Terra e da Humanidade.

5. Pertencem ao bem comum da Mãe Terra e da Humanidade a igualdade de gênero, a superação de todo tipo de discriminação, a proteção dos meninos e das meninas contra toda violência, e a segurança social de todos aqueles que não podem manter-se por sua própria conta.

Artigo 13

Pertencem ao bem comum da Mãe Terra e da Humanidade todas as formas de governo que respeitam os direitos de cada ser humano e da Mãe Terra, e propiciam a participação ativa e inclusiva dos cidadãos na tomada de decisões, favorecem o acesso irrestrito à justiça e cuidam da ecologia ao seu redor.

Artigo 14

O bem comum da Mãe Terra e da Humanidade demanda que se protejam as reservas naturais e a biosfera, incluindo terras selvagens e áreas marinhas, os sistemas de sustento da vida na Terra, as sementes, a biodiversidade, que se resgatem espécies ameaçadas e ecossistemas devastados.

1. Controlar a introdução de espécies exógenas e submeter ao princípio de prevenção todos os organismos geneticamente modificados, para que não causem danos às espécies nativas e à saúde da Mãe Terra e da Humanidade.

2. Garantir que os conhecimentos dos vários campos do saber, que são de vital importância para o bem comum da Mãe Terra e da Humanidade, inclusive a informação genética e a nanotecnologia, sejam considerados de domínio público.

3. Proibir patentear recursos genéticos fundamentais para a alimentação e a agricultura; as descobertas técnicas patenteadas devem respeitar sempre sua função social.

Artigo 15

Pertencem ao bem comum da Mãe Terra e da Humanidade a multiplicidade das culturas e das línguas, os diferentes povos, os monumentos, as artes, a música, as ciências, as técnicas, as filosofias, a sabedora popular, as tradições éticas, os caminhos espirituais e as religiões.

Artigo 16

Pertence ao bem comum da Terra viva e da Humanidade a hospitalidade, pela qual acolhemos e somos acolhidos como irmãos e irmãs, habitantes do mesmo Lar comum: a Terra.

Artigo 17

Pertence ao bem comum da Humanidade e da Mãe Terra a sociabilidade e a convivência pacífica com todos os seres humanos e com os seres da natureza, porque todos somos filhos e filhas da Mãe Terra e somos responsáveis pelo mesmo destino comum.

Artigo 18

Pertence ao bem comum da Humanidade a tolerância, que acolhe as diferenças como expressões da riqueza de nossa natureza humana comum, que não permite que tais diferenças sejam consideradas como desigualdades.

Artigo 19

Pertence ao bem comum da Mãe Terra e da Humanidade a capacidade de reconciliação por parte de pessoas e de povos frente à violência e danos sofridos, que não permite que a vingança e o ódio tenham a última palavra, formando assim o pano de fundo da reconstrução da verdade e da justiça.

Artigo 20

Pertence ao bem comum da Humanidade a comensalidade, que expressa o sonho ancestral de todos os povos de se sentarem juntos, como irmãos e irmãs da mesma família, ao redor da mesa, comendo e bebendo alegremente dos frutos da generosidade da Mãe Terra.

Artigo 21

Pertence ao bem comum da Humanidade a compaixão por todos os que sofrem na natureza e na sociedade, que alivia seus padecimentos e impede todo tipo de crueldade aos animais.

Artigo 22

Pertencem ao bem comum da Humanidade os princípios éticos de respeito a cada ser, o cuidado da natureza e a responsabilidade universal pela preservação da biodiversidade e a continuidade do projeto planetário humano, bem como os princípios de cooperação e solidariedade de todos para com todos, partindo dos mais necessitados, para que todos sejam incluídos na mesma Casa Comum.

Artigo 23

Pertence ao bem comum da Mãe Terra e da Humanidade a permanente busca da paz, que resulta da correta relação consigo mesmo, de todos com todos, com a natureza, com a vida, com a sociedade nacional e internacional, e com o grande Todo do qual somos parte.

Artigo 24

Pertence ao bem comum da Mãe Terra e da Humanidade a convicção de que uma Energia amorosa subjaz em todo o universo, sustenta a cada um dos seres e pode ser invocada, acolhida e venerada.

Artigo 25

Todos esses ideais e critérios do bem comum da Mãe Terra e da Humanidade prolongam e reforçam os princípios e valores da Carta da Terra e dos Direitos Humanos contidos na Declaração dos Direitos do Homem, proclamada em 10 de dezembro de 1948 pela Assembeia da ONU, e de outros instrumentos de Direito Internacional que, direta ou indiretamente, ajudam a proteger os Direitos Humanos e o que os cerca. Todos esses instrumentos são agora ampliados e enriquecidos por esta Declaração Universal do Bem Comum da Mãe Terra e da Humanidade e, ao mesmo tempo, vão gerando a esperança de uma biocivilização em harmonia consigo mesma, cheia de cuidado para com a Mãe Terra, fundada no espírito de cooperação, de irmandade universal e de amor incondicional.

Esta obra foi composta em CTcP
Capa: Supremo 250 g – Miolo: Pólen Soft 80 g
Impressão e acabamento
Gráfica e Editora Santuário